老公
跟妳想的不一樣

仔細閱讀本書，
能幫妳更仔細去瞭解
這個每天與妳同床共枕，
而妳卻不太瞭解的
老公

人生視野
64

老公跟妳想的不一樣

作　　者　徐佳欣

出　版　者　大拓文化事業有限公司

執　行　編　輯　賴美娟

封　面　設　計　林鈺恆

內　文　排　版　姚恩涵

總　經　銷　永續圖書有限公司

劃　撥　帳　號　18669219

地　　址　22103 新北市汐止區大同路三段一九十四號九樓之一

TEL （○二）八六四七－三六六三

FAX （○二）八六四七－三六六○

E-mail　yungjiuh@ms45.hinet.net

網　址　www.foreverbooks.com.tw

CVS代理　美璟文化有限公司

TEL （○二）二七二三－九九六八

FAX （○二）二七二三－九六六八

法律顧問　方圓法律事務所　涂成樞律師

出版日◇二○一九年五月

大拓
Talent Tool

永續圖書線上購物網
www.foreverbooks.com.tw

國家圖書館出版品預行編目資料

老公跟妳想的不一樣 / 徐佳欣著. -- 初版.
-- 新北市：大拓文化，民108.05
面；　公分. -- (人生視野；64)
ISBN 978-986-411-095-7(平裝)

1.夫妻 2.成人心理學 3.兩性溝通 4.通俗作品

544.142　　　　　　　　　　　　108003409

──婚姻，是序曲還是完結篇？

結婚啦……

在一片祝福及優雅樂聲中，妳和妳親愛的老公一起走進了神聖的教堂。

雪白的婚紗、嬌美的百合、妳笑靨如花、美的讓人羨慕……

神父問妳身邊的男人：「你願意娶她為妻嗎？無論貧富，無論災難或者疾病，你是否都願意和她在一起，直到永遠永不分離？」

他深情的望著妳，堅定無比的說出了妳期盼已久的三個字：「我願意！」

神父又轉過來問妳：「妳願意嫁給他嗎？無論貧富，無論災難或者疾病，妳是否都願意和他在一起，直到永遠永不分離？」

「我願意！」妳說話的同時，眼裡溢出了激動的淚水。

音樂聲再度響起，神父當眾宣佈：「從今天起妳是他的妻，

他是妳的夫。」

　　婚禮以一個長長的吻結束，空氣裡充滿著幸福的味道，這一天成為妳一生中最美好的一天。

　　在親朋好友的祝福聲中，你們準備開始嚮往已久的婚姻生活。

　　好了，童話故事到此結束，真實的生活即將上演……

　　國學大師 錢鍾書先生曾經把婚姻比喻成一座「圍城」。所謂「圍城」，就是城外面的人想進去，而裡面的人卻想出來。

　　婚前，妳對這種說法是不太相信的，但是婚後，由老公的種種行徑來看，卻又不得不相信，有時，甚至懷疑眼前這個叫做「老公」的男人，和婚禮上信誓旦旦要娶妳的人是同一個嗎？

　　他除了神態比以前慵懶，肚子比婚前微凸外，外貌好像也沒有太大的變化，指紋也都一樣，身分證上的大名也沒更改。那麼，到底是哪裡出錯了？明明關係是更親密的，可是妳卻好像越來越不瞭解他了呢？

　　然後，妳環顧了一下四周的朋友，小學同學的老公有了外遇、高中朋友的老公開始酗酒、大學姐妹的老公……

前言

　　於是自己開始猜測，「老公除了這朝九晚五的工作，他身後究竟還隱藏了多少我不知道的祕密？」

　　女人，不要再胡思亂想了！這些奇怪想法所導致的舉動，只會把妳的婚姻逼向絕路，這不會是妳想要的結果。與其那樣，不如讓自己先冷靜下來，因為眼前這個男人雖然不簡單，但也絕非妳想像中的那樣複雜。

　　閱讀本書，能幫助妳更仔細的分析這個每天與妳同床共枕，妳卻不太瞭解的「老公」，不費吹灰之力，讓妳的「圍城」計畫變的堅不可摧。

contents

老公不一樣
跟妳想的一樣

contents OXOX

Chapter 5
制服老公的決勝妙招

老公
跟妳想的不一樣
Husband is different from what you think

Chapter 1

老公，你是哪種動物？

當遇到婚姻問題時，女人往往會口不擇言，把老公說成是不懂事的動物。但是仔細想想，這個比喻也不無道理，因為不同的動物，都有它們各自的脾氣個性。妳瞭解妳的老公嗎？如果真的要把他比喻成一種動物的話，妳會選擇哪種呢？

老公
跟妳想的不一樣

XOXO

1 *Husband is different from what you think*

天下老公一般黑？

　　華燈初上，整個公司只有財務部的燈還亮著，大家正加班努力的趕製著報表，他們一邊做著手頭的工作，一邊在心中暗罵他們的頂頭上司，也就是財務部的主管——周萍雅。

　　「這個變態女人，自己婚姻不幸福不想回家，還要拉著我們一起陪她加班，太過份了！」菲兒一邊整理著資料，一邊抱怨道。

　　「噓！妳小聲點，這女人更年期提前，當心被她聽見了，待會炒妳魷魚！」Jake 偷偷的瞥了一眼萍雅的辦公室，小聲的勸道。

　　「怕她幹什麼？再這麼沒日沒夜的加班我就辭職。妳看她年紀不大就這麼變態，真沒辦法想像她老公怎受的了她。她啊，一定是有了家庭危機，才會整我們出氣！」Amy 在一旁憤憤的

說道，雖然她的語氣顯得毫不在乎，但眼睛仍怯怯的朝辦公室偷偷望去。

此時，辦公室裡的女人，根本無心理會外面那些下屬的竊竊私語，她怔怔的盯著眼前的電腦螢幕，無心於明天就要上交的報表，只想著她的老公——江振凱。

如果萍雅聽到那些下屬對她的評價，肯定會火冒三丈，說不定會一氣之下把他們統統開除，但是冷靜想想，這些話雖然有些惡毒，但是卻並不完全是假話。魔鬼女上司是怎樣練成的？當然是老公氣出來的！

萍雅眼前浮現出振凱的臉，「該死的，又不接我電話！」她忿忿不平的說著，為了發洩心中的怒氣，隨手拿起一本書，就朝著窗戶砸去。這一丟，才發現窗戶是開著的，「糟糕！這是二十樓耶！砸到人就慘了！」

萍雅一下子清醒了過來，趕忙趴到窗邊向下望去，可是底下一片黑暗，什麼都看不見。「這麼晚了，應該不會有人了吧？」她自我安慰的說著，但是心裡卻是七上八下的。

定了定神，她走出辦公室，向幾個屬下宣佈道：「今天就

老公
跟妳想的不一樣

做到這裡吧，大家可以回家了！」

「可是周小姐，我們手上的報表還沒有完成……」Amy 略帶討好的問道。

「沒關係，明天再做就好了！」萍雅不想理會他們吃驚的表情，只想到樓下去看看自己剛才的冒失舉動，是否真的釀成什麼人間悲劇。

她轉身去辦公室拿皮包的時間，大家已經以迅雷不及掩耳的速度飛奔至門口，消失在電梯裡。萍雅不以為意，因為她早已習慣下屬對自己的這種疏離。

但是，下屬的疏離比起老公對自己的疏離，感傷哪及萬分之一？想到這裡，她輕嘆了口氣，獨自離開了辦公室。

夏日裡，城市的夜晚是悶熱的，一點風也沒有，但是推開大樓的大門那一瞬間，萍雅的長髮被一陣怪風吹亂了，她邊整理自己的頭髮，邊在心中暗罵：「討厭的風，討厭的一天，討厭的老公……」

等她把全身上下收拾整齊後，她發現一步之外，那本剛才被自己從樓上扔下來的書，正安靜無辜的躺在那裡。還好，書

本旁邊沒躺著什麼「受害者」。呼～總算放心了，趕緊上前把書撿起來，放進皮包裡，快速離開。

　　只是萍雅沒發現的是，書的扉頁上，已經多了一個頭戴巫師帽的巫女頭像，正調皮的對著她眨眼睛……

　　拖著疲憊的身體，萍雅回到了家裡，果然，老公還沒回來。看看錶，已經快十一點了。六十多坪的大房子，當只有一個人在時，更顯得的空蕩蕩。

　　萍雅怕黑，每次先回家時，都會把所有的燈打開等著老公回來。剛結婚時，老公總是笑稱怕她太浪費電，所以自己要早點回來。頭兩年他也做到了，每天下班時間總是比萍雅早。有時還會把本來是老婆該做的煮飯、洗衣等……家事也都一併做好，那時身邊的人都很羨慕萍雅的好命，能嫁給一個這樣的超級好老公。

　　現在，已經是他們結婚的第六個年頭了，老公卻經常晚歸，他不再想到妻子是否怕黑，是否需要他的陪伴，只會想到他自己的工作和應酬，而所用的不回家藉口，在曾經享受過被他呵護的萍雅眼中看來，沒有一個是她能接受的。

老公
跟妳想的不一樣

　　萍雅是個女強人，在一家外商公司做 CFO。大學時，還曾擔任過學校辯論社社長，說到吵架的功夫，還真的是吵遍天下無敵手！老公自然是吵不過她，但是振凱也不是個會乖乖服輸的人，尤其更不喜歡輸給自己的老婆。於是每次夫妻吵架，都是以振凱的沉默告終，久而久之，振凱就懶得再和萍雅去溝通任何事了。

　　所謂的「婚姻危機」，應該就是自己現在這樣的處境吧，萍雅想。

　　「這男人究竟在想什麼？」這是萍雅最想不透的地方，她一邊洗澡，一邊想著老公這幾年行為舉止的變化，還是想不透。

　　從浴室出來，老公仍是還沒回來，夜不歸宿，他也學會了！萍雅有點生氣，但是無奈找不到人發洩，自己家裡的東西又不能亂摔，只好努力克制自己的脾氣。

　　這時手機響了，她興奮的以為是老公打來的，結果一看，原來是老同學─姜靜芬的來電。

　　「什麼事啊，這麼晚還打電話給我？」

　　「我看妳現在八成又獨守空閨了，所以打來安慰妳嘛！」

　　「少來了，妳有這麼好心？一定是老公又惹妳生氣，所以才打來找我訴苦的吧？」

　　「哈哈，這次妳猜錯了。是明天大學時的幾個姐妹們要聚餐，我想找妳一起去啦。」

　　「大學同學？有誰會去啊？」

　　「就妳、我加上苑芳、怡君四個」

　　「好啊，大家也好久沒見面了，那我明天下班之後打給妳！」

　　「好！就這麼說定了。」

　　……

　　講完電話，萍雅把自己扔到床上，一下子就迷迷糊糊的睡著了。

　　「咦！這是哪裡？」睜開眼，萍雅發現自己正置身於一間喧鬧的夜店中，嘈雜的音樂，晃動的人影，讓她的頭都覺得有點痛了，她從沒來過這種地方，一時還接受不了這裡的氣氛。

　　但是遠遠的，她一眼就看到了坐在吧台邊有個熟悉的身影，那是個化成灰她都認得的人，她老公！跟他一起喝酒的還

有好幾個人，萍雅瞇起眼睛仔細看了一下，那幾個人都是她的大學同學，天啊！其中兩個還是靜芬和苑芳的老公。

好啊！這些男人不願早回家卻跑來這邊玩！萍雅氣呼呼的就想衝過去，卻發現面前好像隔著一個屏障，讓自己寸步難行，她著急的又蹦又跳，仍然無法前進半步。她嘶吼著要大家讓開，但是周圍的人都不理睬她。

「難道這是個夢？」這就是所謂的日有所思，夜有所夢嗎？她有點疑惑的問自己。

「別瞎猜了，這不是夢，是此時真實發生的事情！」一個聲音從頭上傳來，萍雅抬頭看去，一個頭戴巫師帽，身穿紫色長袍的女孩正由上方緩緩而降，來到了她眼前。

「妳是誰？」萍雅睜大了眼睛看著眼前這個女孩，還說不是做夢？人從上面「飄」下來耶，這夢也太扯了吧！

「我是魯西西，魔法國的巫女，專長是處理愛情跟婚姻問題。我受過很專業的訓練和認證哦，不過現階段我還在實習中。」女孩推了推巫師帽下面的眼鏡，表情嚴肅的告訴萍雅，可是，這表情和她稚嫩的長相實在是太不搭了，看了讓萍雅差

點笑出來。

「妳說這個夢境是真實的？」萍雅關心的還是老公的情況。

「是啊，妳老公現在正和他朋友一起在夜店玩呢！周女士，根據我們魔法國的婚姻危機紅燈等級標準，妳和妳先生的婚姻已經亮起了一級紅燈，所以，長老派我來幫妳挽救你們的婚姻，根據我的資料顯示，其實你們兩人的緣分也還未盡，所以只要妳努力一下，這婚姻還是有救的，所以請妳接受我的幫助吧。雖然我個人是覺得天下男人一般黑啦，但是工作歸工作，我還是會努力幫助妳的。」女孩一臉認真的說，好像她經歷過一樣。

天下男人一般黑？萍雅反覆念著這句話，是啊！自己好友的老公也出現在那種地方，天底下是不是真的沒有好老公了？還是男人結婚後都會變壞？這些問題讓她很糾結，也很頭痛。

鬧鐘的叫聲，把萍雅從夢中拉了回來。右邊的床位依然是空的，沒有一點溫度，說明了老公確實整夜未歸。手機收到了一則老公半夜傳來的簡訊，說是臨時要出差所以不能回家，等

老公
跟妳想的不一樣

中午再回她電話。這種情況也不是第一次發生了，萍雅無奈的起床，想著昨晚的夢境，難道老公真的是去了夜店？

☺解密頻道

當初因為他的「完美」才鼓起勇氣嫁給他，結婚後卻發現，這個老公和婚前的男友雖然身體構造相同，但是言行舉止卻判若兩人，讓妳不得不把他加入黑名單，以待細細觀察和調教。

「黑老公」劣跡斑斑，罄竹難書，下面我們就來一一整理一下老公的黑行為，當然，這樣做的目的，並不是要讓妳把他打入冷宮，因為天下老公一般黑，重要的是調整妳自己的心態，學會應付之道，才是一個聰明老婆要做的。

☞妙招指點

老公夜不歸宿，應酬多

現在晚婚的人越來越多，年紀大了，各自的生活習慣都已定型。這種老公，婚前經常和朋友約會聚餐熱鬧習慣了，新婚後的一段日子裡，可能還會想跟妳如膠似漆的黏在一起，但是時間一長，不安於室的本性就跑出來了。一下班就想往外跑，

朋友聚會、聚餐忙的不亦樂乎。這時，妳要是多說兩句，很可能他一生氣，就乾脆徹夜不歸了。妳可以這樣做：

1. 他下次再晚歸，妳先忍住氣，不要跟他爭吵，靜靜的準備好他的盥洗用品，可以的話，嘗試做點宵夜給他吃，並在桌上放張卡片，上頭寫些關心的話，他看了後一定會很感動的。

2. 想解決問題，光靠自己空想是沒用的，不如直接找他談談，和他找個安靜的地方，心平氣和的說出妳的感受。

每次都充當冤大頭，花錢沒節制

這種男人，婚前會給妳一種很大方的感覺，但是結婚後如果他仍然對眾人出手大方，這時，妳看他的角度就沒以前那麼瀟灑了，因為他花掉的可是「你們」的共同財產。妳可以這樣做：

1. 每月和他對帳，使他瞭解家庭的支出明細，讓他明白有多少錢其實是不該花的。

2. 下載一套財務管理軟體，請他按日填寫，並規定必須定期查看檢討，這樣才能讓他知道自己錢花在哪了。

3. 如果以上兩種方法都無法實行的話，只好考慮以後兩人各自負擔自己的財務支出。當老愛當冤大頭的他，每次不到月

老公
跟妳想的不一樣

底就「財務困窘」，相信以後想花錢時，他就會自我節制一點。

迷「網」的老公，愛遊戲勝過一切

　　這種老公，每天回家第一件事情就是先打開電腦。離開老婆他的生活還能夠繼續維持，但是沒有電腦他就無法生存。妳可以這樣做：

　　1. 先不要想該怎樣砸掉電腦，而是告訴他，妳並不是和電腦爭寵，只是擔心長期對著電腦，會影響他的身體健康。妳可以多拉他出去參加戶外活動，一同感受大自然的氣息。

　　2. 家裡不能有兩台電腦，那樣他會更加肆無忌憚的霸佔。

　　3. 如果他真的已經沉迷網路太深，就應該帶他去找心理醫生尋求解決之道。

2 到手後就懶惰？

XOXO

Husband is different from what you think

　　萍雅工作時通常是很認真的，也從來不覺得那些看不完的財務報表有多麼討厭，總能提起十分的興致去校對審核。這種敬業精神和對工作專注的態度，也是她年紀輕輕就能成為一家上市公司財務主管的原因，除了今天之外。這是萍雅第一次對自己的工作顯得不耐煩，腦袋裡只想著自己的婚姻問題。

　　下午的第三季財務會議上，她草草的對公司財務狀況做了分析報告。還好，由於自己一向良好的工作態度，所以對她十分信任的老闆，仍然很滿意她的表現，會後還關心的詢問她的身體狀況，這倒是讓她感到有些愧疚。會議結束後，萍雅想起自己今晚與姐妹淘們的約會。看了看錶，時間差不多了，於是拿起自己的 GUCCI 包包趕緊離開公司。

　　「雕刻時光」是百盛購物城樓上的一家小酒吧，萍雅跟她

老公
跟妳想的不一樣

　　的姐妹們幾乎每個月都會聚在這裡，大夥一起聊聊工作和情感上的瑣事。

　　一進門，萍雅走到了吧台旁邊的一張桌子前，靜芬、苑芳、怡君早就已經坐在那裡聊起來了。萍雅一屁股坐在靜芬旁邊，先喝了一大口的柳橙汁，然後喘著氣的打量著好久不見的苑芳和怡君。

　　這四個人，大學時是同一個寢室的室友，所以關係好的不得了，還被眾人稱為財會系的「殺手四姐妹」（因為無數男同學為她們食不下嚥、夜不能寐、求生不得、求死不能。）但是，在大學時出盡風頭的她們，畢業後卻是命運大不同，四個人的工作和情感經歷都幾經波折。萍雅是四姐妹裡最先結婚的，大學畢業就嫁給了同學兼男友的江振凱；靜芬畢業後，結束了三年的大學戀情，前兩年嫁給了一個大她不少歲數的老公，開始當起了全職家庭主婦；苑芳的感情也是幾經波折，前不久，終於找到了如意郎君，實現了她要在三十歲前嫁出去的諾言；最後一個是怡君，這個女人戀愛不斷，卻對婚姻避之不談，始終堅持著她的不婚主義。

　　「怎麼了？今天不是要開會嗎？說吧，又出什麼大事了？」萍雅微笑的看著三個好姐妹。

　　「妳果然聰明！哈哈。」姜靜芬右手搭上了萍雅的肩膀，給了她一個讚賞的眼色。

　　「是妳老公有外遇？還是怡君又和男友分手了？」萍雅白了靜芬一眼，拍掉了她的鹹豬手。

　　「錯！今天有問題的不是我也不是怡君，是苑芳！」

　　「苑芳？妳怎麼啦？蜜月期才剛過，能出什麼問題？」萍雅覺得自己就算再聰明，也猜不到這次會議的討論對象竟會是苑芳。畢竟，她才結婚兩個月啊，新婚燕爾正是如膠似漆、甜甜蜜蜜的時候，怎麼可能出什麼問題？

　　「對啦，是我！我要向妳們這些已婚婦女求救啦！」苑芳苦著臉說道。

　　「傾聽」是人類最好的習慣，三個女人很有默契的，每人各點了一杯店裡的招牌飲料「愛情奇蹟」，邊喝邊聽苑芳滔滔不絕的講述她這兩個月的「婚姻感觸」，總結下來只有四個字---物是人非。

老公
跟妳想的不一樣

苑芳是屬於古典美人型，和長相搭調的還有她的個性。溫柔賢淑的她，身邊從來不乏追求者。但是對婚姻，她卻有著自己的執著，嫁給一個「十全十美」的好男人是她一直以來的目標。幾年的尋尋覓覓，她遇到了李家俊，結婚時苑芳還對姐妹們說，這個人符合她對男人的全部要求。他外型俊朗、事業有成、既幽默又溫柔，尤其對苑芳更是寵愛有加、百依百順，當時所有的人都認為，苑芳一定會是世界上最幸福的妻子。

「結婚還不到兩個月，老公的狐狸尾巴就露出來了。」苑芳恨恨的說。

「戀愛時，他每天穿的人模人樣，我還以為他是個愛乾淨的人。結了婚才發現，他只有在人前是光鮮亮麗的，在家總是把家裡弄的跟豬窩一樣！現在我每天都要跟在他屁股後面收拾東西。這完全不是我結婚前憧憬的生活，本來還以為老公是成熟可靠的，但事實上卻完全不是這樣！」

「唉～」靜芬幽幽的嘆了口氣。「這還不算什麼，其實女人最怕的就是老公對自己怠慢和冷淡。以後，當妳發現妳每日相對的男人，和以前跟妳熱戀中的那個簡直判若兩人的時候，

Chapter 1
哪種動物？

才真會讓人傷心呢。」

　　靜芬的一番話讓二個已婚女人沉默了。萍雅想起了大學時期和振凱談戀愛時，振凱每天都會在宿舍樓下等她一起去上課，有時他去晚了，自己還會發一頓小姐脾氣，而每次都是振凱點頭哈腰的賠禮道歉，她才法外開恩的原諒他。

　　那時的振凱哪去了？他還是原來的他嗎？萍雅問自己，搖搖頭覺得想的有些頭疼了。

　　男人的善變

　　女人的抱怨

　　共白首

　　幾多難

　　永遠是多遠⋯⋯

　　離萍雅她們桌子不遠的小舞台，傳來了歌手輕柔的歌聲，歌詞很幽怨，聽得幾個女人各有所思。萍雅很想看看唱歌的人，目光隨著聲音那邊望去。唱歌的，是一個身著紫色旗袍的少女，她感覺少女也正往這邊看，兩人目光相對，少女向她微笑。萍雅覺得這少女似曾相識，好像在哪裡見過？仔細一想，對了！

老公

跟妳想的不一樣

她竟然跟自己昨夜夢裡的那個女孩十分相似。

叫什麼來著？魯西西！是這個名字吧。

◎解密頻道

　　女人一生都在追求愛情，當她們披上婚紗，如願以償的嫁給了那個愛自己、自己愛的男人時，是她們一生中覺得最幸福的時刻。但是讓女人們難以接受的是，婚後老公「變臉」的速度比翻書還快。昔日那些甜言蜜語統統不見了，看到的只是老公越來越肆無忌憚的行徑，和沉默寡言的冷淡，這些都讓對婚姻抱著無限憧憬的女人無法接受。

　　有人說，男人是孔雀，沒有得到女人之前，會想盡辦法來討女人歡心。但是孔雀男們的激情總是來的快去的也快。尤其是終於把女人娶回家後，他們便覺得一切都大功告成，於是馬上收起漂亮的尾巴，覺得自己沒有必要再偽裝下去了，所以缺點此時就會開始暴露出來。

　　婚後角色的轉變，也是男人改變行為的原因之一，婚前是戀人婚後是夫妻，而夫妻間的相處需要面對更多的現實問題，也就是人們常說的柴米油鹽上的生活瑣事。每天被這些問題困

擾，男人自然提不起當初的激情。雖然俗話說「情人眼裡出西施」，戀愛中的情侶在彼此眼中都是完美的，但是「婚姻」讓二人朝夕相對，使得彼此的各種缺點都暴露無疑。當彼此之間沒有了神祕感，也越容易失去吸引力。

☞妙招指點

委曲求全永遠不會幸福圓滿

對於婚後男人對自己的態度轉變，很多女人會選擇逆來順受，但是卻在委屈求全中，慢慢失去了自己原有的個性和意見，還以為只有這樣才能挽回男人的愛，卻不知越是這樣，男人們越會恃寵而驕更加放肆。

妳必須知道，自己的個性是無論如何都不能放棄的，因為沒有一個男人，會希望自己的老婆像一個機器娃娃般的毫無主見。

婚後也要保留各自的興趣

婚姻不是愛情的墳墓，同樣的，婚姻也不是自我獨立思想的終結站。可是，如果妳把婚姻定位成「任何事兩個人都要一

起行動、絲毫不能分開」的話，那只會讓天生熱愛自由的男人倍感壓力，會讓他時時刻刻想要逃離。

　　要記住，人是需要自我成長的，妳不可為了婚姻而放棄自己的興趣。而當他感受到妳的多變樣貌時，就會重新被妳所吸引，這樣子，男人還會對妳冷淡嗎？

XOXO

3 Husband is different from what you think
他的壓力，妳不懂

　　女人一生最在意的是什麼？答案是「家庭」，一個幸福美滿的家庭，是每個女人所希望擁有的，萍雅雖然被公認為是女強人的典範，但是在她內心深處，對於想要擁有一個幸福美滿家庭的渴望，卻是和一般女人相同。

　　婚姻雖還沒真正亮起紅燈，但是這種夫妻關係淡如水的氣氛，卻讓她時時刻刻感到難受，彼此相愛一場，她想要的遠比這更多。

　　日有所思，夜有所夢。這晚萍雅早早睡了，剛閉上眼睛就做起夢來，夢裡老公背對著她獨自向前走，任萍雅怎麼叫都不理她，而且越是追他，他就走的越快，最後他的身影消失在一片漆黑裡，只留下身心俱疲的萍雅，跪在地上嘶啞的叫著老公的名字。潛意識裡，萍雅知道這是個夢，但是仍感覺心疼的快

要窒息了。她還是愛老公的，這點她比誰都清楚。

「萍雅！」萍雅聽到有人叫自己，聲音好像是從上方傳來的。

這是我的夢耶，怎麼還會有別人？她疑惑的抬頭望去。

「啊──」頭上傳來慘叫。

「砰！」的一聲，一個紫色的重物落在萍雅的身上。

是誰這麼好膽，敢在老娘的夢裡興風作浪？萍雅被壓得差點喘不過氣。她把重物往旁邊一推，站起身來一看，那個「重物」正是那個上次出現在夢裡的女孩。

「是我，是我！」紫衣女孩不好意思的陪笑道。「人家是來幫妳的……妳、妳別瞪那麼大眼睛看人家啦！」

「幫我的？妳是誰啊？妳差點壓死我了妳知不知道？」

「唉呦，這是夢啦，死不了的！只不過……會有一點點疼而已……」女孩很抱歉的聳聳肩，把食指放在嘴巴前面做了一個「噓」手勢，原本萍雅還想繼續開腔反擊，卻發現自己只能張著嘴卻出不了聲。

「妳話太多了。時間有限，還是先聽我說吧！」女孩得意

的甩甩頭。

　　「據我們的調查結果顯示，妳的婚姻現在出現了問題。而我們魔法部，剛好研究出了一套男性心理解讀系統，妳很榮幸的將成為第一批實驗者，現在就由本見習魔法使，全程幫妳解決妳的婚姻問題！」說完，紫衣女孩拿出了一個類似於 PDA 的東西，輸入了「江振凱」的名字後，螢幕中出現了一系列「江振凱」的資料，萍雅瞪大了眼睛覺得很神奇。

　　「妳和老公最大的問題就是缺乏溝通，最近妳很少見到他吧，妳每天都為了想知道他在做什麼？想什麼而抓狂不是嗎？也越來越不能理解他，這種疏離感讓妳不安，對嗎？」

　　萍雅神色黯然的點點頭，不得不承認一切都被這個小丫頭說中了。

　　「好！現在我們就近距離的觀察妳老公，感受一下他真實生活的壓力吧。」說完魯西西在電腦上按了一個按鈕，一束光柱射了出來，在黑暗中形成了一幅 3D 電影，電影的主角不是別人，正是萍雅的老公──江振凱。

老公
跟妳想的不一樣

　　振凱是一家網路公司的電腦工程師，畫面中的他，正坐在電腦前對著一堆數字聚精會神的寫著一些資料，而時間顯示他這一坐就是兩個小時，可能由於長時間保持一個姿勢不動，剛起身時，他還扶了一下桌子，顯然腰痛了。他喝完一杯咖啡後，又繼續回到座位坐下，這一坐就是一整夜，半夜睏了，還直接趴在辦公桌上小憩一會。

　　萍雅一直以為自己的工作很辛苦，所以自己以前一回家就向老公抱怨，老公也總是在一旁安慰，卻從沒聽他提起過自己的工作情況，看到這番情景，她感覺心疼的要命。

　　「現在很多男人，都處於外表雖然看似健康，但身體實際上卻十分疲憊的狀態，很多人患上了「三高」──高血壓、高血脂、高膽固醇，而唯一下降的，是他曾經旺盛的精力。」女孩盯著大螢幕，很有感觸的說道。

　　辦公室裡坐著三個人，坐在辦公桌後面的人萍雅認得，他是振凱的老闆，而對面站著振凱和一個年輕人。聽完三人的對話才知道，原來是振凱在一個程式的設計上出了問題，結果被

Chapter 1
哪種動物？

新人 Jason 發現了上報到老闆處，老闆一面責怪振凱的粗心，一面讚揚新人的細心。

「外國留學的年輕人就是不一樣，做事情真有一套，長江後浪推前浪啊！」老闆拍拍 Jason 的肩膀，器重之情溢於言表，而一旁的振凱，則完全被當成了空氣。

萍雅看到老公垂頭喪氣的樣子，覺得一陣心酸，這種事老公為什麼從來都不會跟我說呢？

「大概是怕妳瞧不起他吧，畢竟妳是受長官賞識的得力助手。為了男性的尊嚴，他怎麼會和妳說這些呢？」魯西西好像能看透人心一樣，回答出萍雅心裡的疑問。

看完後，萍雅的心情極度的沉重，她責怪自己平時沒有好好的體諒和了解老公，還只是一味的怪他沒有做到好老公的標準。

「是我不好，可是要如何才能挽回他對我的信任呢？」萍雅急切的問魯西西，甚至都沒注意自己這時是怎麼又能說話了。

「這個嘛，其實也不難！」魯西西神祕一笑，從懷裡掏出個荷包說道：「這可是我們魔法部旗下的研究院，經過多年

的實驗下所研究出的祕方，借妳看看吧！」

萍雅如獲至寶一樣的接過去打開一看，裡面只有一張紙條，上面還寫滿白色的螢光小字，螢光小字在黑暗裡顯得格外閃亮。

而紙上的標題寫著：「助夫減壓法」

妙招指點

1. 善解人意的女子，是所有丈夫內心所想要的妻子類型，所謂善解人意者，就是會輕聲細語，並且會避開傷人的話題，關心體貼倍至。這種類型的女人會讓丈夫的壓力驟減。

2. 丈夫須認知自我休息保養得宜的重要性。為保持精力旺盛，應抓住一切機會打盹小憩，飛機上、辦公室、家裡都可以當做休息場所。

3. 一日工作結束在身心俱疲時，回家能夠按摩一下，是最有利於身體放鬆的。方法是，先閉目養神的平躺，用手指尖用力按摩前額和後頸處，有規則地向同一方向旋轉；不要漫無目的地揉搓。用腹部呼吸，平躺在地板，面朝上，身體自然放鬆，緊閉雙目呼氣，把肺部的氣全部呼出，腹部鼓出，然後再緊縮

腹部吸氣，最後放鬆，使腹部恢復原狀。正常呼吸數分鐘後，
再重複此一過程。

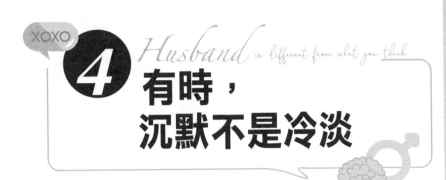

4 有時，
沉默不是冷淡

　　萍雅剛拿到「助夫減壓法」後，就聽到鬧鐘在喚自己起床。等她掙扎著爬起來，發現老公已經穿戴好準備出門了。想起晚上的夢，萍雅心疼的看著他。老公也發現了老婆居然露出了許久不見的溫柔神態望著自己，於是微笑回應，一把攬過萍雅的腰，在她額上輕吻了一下說：「我先走了。」

　　「嗯，路上小心！」萍雅嬌羞的點頭不忘囑咐著，兩人忽然感到時光倒流，好像又回到了新婚的日子。

　　這幾天，萍雅總是琢磨這個夢的真實性，因為事後她在收拾床鋪時，真的發現了一張裝在錦囊裡的紙，只是上面已經看

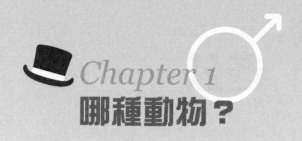

不到白色銀光的小字了。

難道自己真的遇見了神仙？此後每天晚上，她都盼著魯西西能夠再次出現，因為如果這一切都是真的，那自己還有很多問題想問她哩。

有時候越想做成一件事情，就越是無法達成，比如現在就是如此。萍雅很想儘快進入夢鄉去找魯西西，可是這天晚上卻偏偏睡不著。像現在，睡不著的她翻來覆去的想，夫妻之間有時是需要互換角色思考的，如果換成自己是老公，自己會跟他傾吐工作上的煩惱嗎？即使不能得到什麼幫助，但是有人傾聽也是好的啊，心理學家都說了人是需要傾訴的，可是為什麼老公什麼都不跟自己說呢？難道是他不愛我了？在這樣的胡思亂想中，萍雅終於睡著了。

這次萍雅的夢境是純白色的，白的沒有任何瑕疵，沒有任何情節。

她漫無目地的在一片看不到邊際的白色夢中走著，卻有預感自己一定會遇見那個叫魯西西的女孩。

「這次，她不會又從天而降把我壓倒吧？」雖然是在夢裡，

但萍雅可不喜歡老是當肉墊，她警惕的抬頭望著上空。

「Hi，妳是在找我嗎？」熟悉的聲音由遠而近的飄來。萍雅急忙向旁邊閃躲，沒料到反而和從旁邊飄過來的魯西西撞個正著，疼的她叫出聲。

「妳怎麼現在才來啊。」萍雅顧不了喊疼，埋怨道。

「小姐，我有很多 case 要處理啊，又不單只有妳這一樁生意！不過，我有感受到妳很強烈的招喚，感應到妳現在很需要我，所以就趕來了。」

「是啊，我有個問題想不通，所以這兩天一直在等妳。」，從事多年管理工作的萍雅，喜歡直奔主題開門見山的說道。

魯西西盯著萍雅的眼睛看了幾秒鐘，然後泯嘴笑了。

「妳是想不通，為什麼妳老公什麼話都不和妳說，總是保持沉默嗎？也難怪，振凱是妳的初戀，又是妳老公，妳根本沒有機會接觸過別的男人，所以妳不瞭解男人是正常的，哈！」

說完，魯西西不知道從哪裡掏出了一本書，遞給了萍雅。萍雅接過一看，書名叫做《男人來自火星、女人來自金星》。萍雅曾聽人說起過這本書，但是自己一直沒時間去看，所以不

知道這本書的內容到底是說什麼。

「這本書在妳們的世界很有名哦，也是我們魔法婚姻部的必讀書本之一，書中的內容主要說的是男女間溝通的差異。妳一定要好好的看看，而且啊，妳不能把在工作上對待下屬或者同事的那一套，搬來用妳老公身上，那是行不通的。因為男女之間無法互換角色，所以妳要學會進入他的世界，用他的思維方式去思考問題。」

萍雅聽的一愣一愣的，似乎不太明白魯西西在說什麼。魯西西皺了皺眉，繼續說道：「男人和女人是很不同的動物，二者不但身體構造不相同，而且想法的差異也很大。打個比方，妳認為溝通是一件好事，但是妳老公未必這麼認為，他習慣用自己的方式去處理，覺得並不一定要說給妳聽，因為他認為即使說了，也不能夠解決問題。」

☺解密頻道

男人在遭遇困難或者其它問題的時候，他們會像野獸一樣，渴望自己有一個「洞穴」藏身。當他們面對壓力和困擾時，不會允許自己在外四處遊蕩，而是會躲進洞穴裡，集中他的全

老公
跟妳想的不一樣

部精力去解決問題。這時候的男人給人的感覺是極為冷漠的，任何事、任何人彷彿都和他們無關，他們只想待在洞穴裡思考。

當男人進入「洞穴」的時候，女人往往無法理解此時的他所對自己表現出的冷漠，於是開始胡亂猜測，怎麼了？他是不是不再愛我了？他是不是有了外遇？……，其實大可不必如此絞盡腦汁的猜想。因為他只不過是在思考他自己的事情而已。當想到解決事情的方法了，他就會自然而然的放鬆心情從洞穴裡走出來，繼續釋放對女人的深情。

☞妙招指點

1. 男人會在洞穴裡待多久？

男人在「洞穴」裡通常會待一星期左右，憋不住的時候，他們會出來看看新聞、打打球、玩一些平時喜歡的活動，但是這些只是暫時的放鬆，並不代表他們「洞穴期」已經結束。只有當問題真正解決了，他們才會從洞穴中走出來。

洞穴給男人提供了一個安靜的舒適環境，當他思考完畢，就會出來重新面對女人。女人不可一味的在洞外張望，反而可以利用男人「入洞」的這段時間，去做些自己想做的事情，或

是想想如何更好的做他的女人。

2. 如何支持正在洞穴中的男人？

當他想要進入洞穴思考時，不要一味的反對他，而是要體諒他的需求。這時候妳要明白，妳幫助他的最好辦法就是保持沉默，而不是幫他找出解決問題的答案，這不是他希望的結果。如果女人決定坐在洞穴旁等待男人走出來，這將會是個錯誤的決定，男人不但不會領情，還會讓他感覺壓力倍增。

女人其實不用過度擔心男人，妳的擔心只會讓他們覺得自己的能力不夠，他們會直接把女人的關心看成同情，看成是女人對自己處理事情的不信任。

XOXO

5 怕老婆的男人是塊寶

Husband is different from what you think

「家家有本難念的經」。天底下各個夫妻的相處模式也不盡相同。面對婚姻問題，萍雅有時候也會看看周圍的夫妻們都是如何相處的，然後借鑑一些成功經驗，看看能不能幫助自己。

公司人力資源部主管劉富美的老公，是公司裡有名的二十四孝老公之首，除了每天接送老婆上下班不提，其它的事情對老婆也是言聽計從，老婆說一他絕對不會說二。但是最近，萍雅卻聽到其他同事的竊竊議論，說劉富美要和她老公離婚了。

振凱是個有些大男人主義的人，很少說些甜言蜜語的話，尤其是在外人面前，更是不會展現溫柔的一面，萍雅有時難免

會在心裡抱怨他的不解風情和不夠溫柔。

　　有一次，萍雅看到富美的老公來接她下班，那天晚上有點冷，她老公還特意帶了件外套給她，怕她在回去的路上冷了，萍雅不禁心生羨慕。當時她自己的老公也早就回家了，只不過她知道振凱是絕對不會來接她的，因為他覺得這樣做有損他的男性氣慨。

　　萍雅和富美曾經聊過此事，說自己很羨慕富美能這樣被老公呵護的感覺，還大嘆自己老公太不解風情。她本以為富美也會覺得很幸福，誰知富美聽後竟然一撇嘴，很不以為然的說：「妳覺得好，妳拿去好了！我覺得煩死了！」

　　「為什麼這麼說啊？妳老公對妳那麼好！」萍雅不解的問。

　　「好有什麼用，妳看他那樣子，整天只知道圍著我團團轉。當個公務員就不求上進，同辦公室的同事早就升官發財了，只有他這幾年還在原地踏步。男人，事業有成才叫男人，像他這個樣子算什麼男人，都窩囊死了！」富美滔滔不絕的的說道。

　　當時，萍雅以為富美只是一時恨鐵不成鋼的氣話，沒想到

他們夫妻竟然真的要鬧離婚了，心裡替他們覺得可惜。

　　這時，萍雅的手機響了起來，一看，有人傳訊請求與她視訊通話。她按了連結，螢幕裡出現了一個身穿紫色旗袍的女孩，除了魯西西還能有誰？

　　「妳怎麼從夢裡出來了？」

　　「誰說我只能在夢裡出現的啊！我們可以藉助很多方式出現呢，現代的通訊設備當然要好好利用嚕！不過現在不是工作時間，出於個人友誼，我來找妳聊聊天嘛！」魯西西調皮一笑。

　　「喂，小姐，妳搞清楚時間，我現在還在上班耶！」萍雅不滿地說道。

　　「是啊，是啊，上班還在擔心別人的婚姻問題哦！」魯西西不給面子的直接戳到萍雅的弱點。

　　「噓──妳小聲點，妳想被其它人聽見啊！」萍雅做了個閉嘴的手勢，還好她的辦公室隔音效果良好。

　　「說實話，仙女大人，妳認為他們真的有需要鬧到離婚的地步嗎？」

　　「看在無聊的份上，我就跟妳八卦一下吧。富美這個女人

呢，是身在福中不知福啊，如果她真的和老公離婚，以後再也
不會找到這麼好的男人了，離婚後會過得很不幸喔！」

　　萍雅聽了皺了皺眉，她和富美的關係不錯，如果富美真的
離婚了，她總有一種兔死狐悲的感覺。

　　「妳幫幫她吧！」萍雅突發奇想，既然魯西西可以幫自己，
為什麼不可以幫富美呢？

　　「幫她？她又不是我的客戶，為什麼要幫她？」

　　「妳是神仙嘛，神仙都是善良的啊！」實在找不到什麼理
由了，萍雅只好開始瞎掰。

　　「要我幫她也可以。」魯西西眼睛眯成一直線壞壞的說，
「那妳要請我吃冰淇淋，聽說那個東西很好吃。我們被限制不
能在人間擅自使用法術，但是沒有規定不能接受人類的贈予，
所以……」

　　冰淇淋！萍雅覺得好笑，這太容易解決了，公司樓下就有
一家冰品門市，保證讓她吃個夠！

　　「那妳要用什麼方法幫她呢？」

　　「催眠！」

老公
跟妳想的不一樣

「？」

　　萍雅假裝有事情找富美，請她到自己辦公室一趟。一進門，魯西西就迅速的對她展開催眠大法，富美的意識很快的被控制了…

☺解密頻道

　　很多怕老婆的男人，其實並不是真的怕老婆，之所以會表現出怕怕的樣子，是因為這個男人懂得疼愛他的老婆。意見不合時，他們不會跟老婆爭辯，因為他們怕老婆氣壞了身體。怕老婆的男人常常無條件滿足老婆的需求，他們下班會做飯，出差時也不會忘了幫老婆買禮物回來，閒暇時他們會帶老婆孩子去旅遊散心，這麼的好老公到哪裡去找呢？

☞妙招指點

怕老婆的男人類型：

　　1.心地善良的男人。他們的好不但表現在對家人上，在工作生活中的各方面，他們都懂得體諒別人，替別人著想，他們是眾人稱讚的好男人。

2. 心胸寬廣的男人。宰相肚裡能撐船，說的就是這種男人了，他們有大將之風，以德服人。對待老婆，更是能夠多方面的體諒她。

3. 膽子較小的男人。這種男人平常也許會讓人有種膽小怕事的感覺。但是他們並不是一無是處，他們知道自己什麼地方犯了過錯就會去彌補，知錯必改是他們的優點。

這一天結束了，富美的離婚事件同時也宣告落幕，大家只把這當成是夫妻吵架的一個小插曲罷了，只有萍雅知道事實是怎麼回事。

這天富美約萍雅在樓下的冰品店見面。

「真的很神奇！那天我在妳辦公室好像做了一場夢似的。」富美若有所思的說道。

「是嗎？做了什麼夢，說的這麼玄？」萍雅佯裝不知地問道。

「我夢見我和老公離婚了。離婚後遇到了行行色色的男

人，在交往過程中，我才發現了只有老公對我是最好的，有些男人事業有成、有名有利，但是卻不是真心愛我，也不是真心關心我，那種感覺真的很淒涼。

　　後來當我明白他的好想再回到他身邊時，他已經是另一個女人的丈夫了，他已經改疼愛別人怕別人了，那種心痛真的無法用言語來形容。

　　那個夢特別的真實，醒來後，發現我其實還是愛他的，自己只不過是一時被物質誘惑沖昏了頭。我不知道這一切是為什麼，但是我卻覺得我應該感謝妳。」富美認真的說道。

　　「這麼神啊，雖然我也不知道怎麼回事，但是既然妳要請客，那我就不客氣啦！」萍雅看了一眼手機上那個因為吃不到冰淇淋而氣呼呼的臉蛋，嘿嘿一笑，然後大口大口的吃起冰淇淋來。

XOXO

6 三十難立的痛苦

Husband is different from what you think

　　早上萍雅在整理書櫃的時候，看到了孔子的《論語》被放在了櫃子的頂端，應該是她老公最近看過的。她順手翻了翻，發現在《為政》的這章中，子曰：「吾十有五，而志於學。三十而立，四十而不惑，五十而知天命，六十而耳順，七十而從心所欲。不逾矩。」這段話被用紅筆圈了起來。

　　萍雅皺著眉又看了一遍，想到老公今年剛過了三十歲生日，「三十難立？」大概是他心中的隱痛吧？

　　古人的壽命短，能活到六十歲就算長壽了，所以三十歲恰好算是人之中年，而男人又是家裡的支柱，因此對三十歲的男人要求很高。而現今人們活到七老八十都不再是夢想。所以現今三十歲的男人大多難立，四十而立就算是不錯了，真不明白老公幹嘛要給自己那麼大壓力呢。

老公
跟妳想的不一樣

「又有問題了啊？」熟悉的聲音出現在萍雅身後，不用猜也知道是魯西西那個大巫仙女。擺平了「富美鬧離婚」事件後，萍雅被她狠宰了一頓冰淇淋。後來她就成了家裡的常客，整日纏著要萍雅再請吃冰淇淋。

「幹嘛？又想來騙吃騙喝啦？」萍雅懶得理她，繼續整理書櫃。

「我這有一份《三十歲男人的自白書》，內容很有意思哦，妳想不想看看？瞭解一下？」魯西西不知從哪裡變出了一個本子，在萍雅眼前晃來晃去。

「妳不會白給我看吧？」萍雅眉毛動了動，她已經十分瞭解這個貪吃的巫女了，一定是又要來找她請客了。

「萍雅，妳越來越聰明了，昨天我一個姐妹說這附近新開了一家披薩店，能不能帶我去吃啊？」魯西西口水欲滴的湊在萍雅的身旁問著，一雙大眼睛清澈無暇的望著她。

「好啦，好啦，別把口水滴到我的地板上。」萍雅恨不得拿著抹布幫魯西西擦擦口水。

Chapter 1
哪種動物？

　　親愛的看倌們，妳們好！

　　對男人來說，三十歲是一個尷尬的年紀，所以首先要請廣大的叔叔阿姨、哥哥姐姐、弟弟妹妹、尤其是三十歲男人們的老婆，要對三十歲男人多份寬容，多份理解。

　　有人常說三十歲的男人是小氣的，一百元常常要分很多次花，這並不是因為這個男人天生小氣，要知道三十歲的男人負擔是很重的。他們上有老，下有小，既要負擔父母的生活費，又要滿足妻子的購物慾望，孩子上補習班也要花錢，這一切的一切，都讓三十歲的男人不得不小氣起來。

　　三十歲的男人是孤獨的，他們有一大堆的苦水無處倒。想和朋友傾訴，朋友越老越學會勢利，沒有錢請客誰來聽你傾訴！想和妻子聊聊，但是「大男人主義」心態作祟，又使得三十歲的男人無法放下面子尊嚴跟妻子訴苦，因為妻子的同情是他們最不想要的，男人嘛！誰不希望在自己女人的心裡是英雄。

　　三十歲的男人白天要給長官端茶水，晚上也要給妻子端洗腳水。卑躬屈膝就是三十歲男人的寫照，他們即使步履蹣跚，

老公
跟妳想的不一樣

卻依然不得不努力前行，他們的嘆息聲常常如石頭一樣沉重。

短短的一封自白書道出了三十歲男人們的艱辛生活，萍雅看了不禁對三十歲的男人心生同情，原來老公的壓力那麼大啊。

三十歲的男人要如何走出壓力？老婆的協助是非常重要的。但是有時旁人的關心反而只會更增加他們的壓力，尤其是來自老婆的關心。因此，老婆如何幫助三十不立的老公走出心理困境的方式，就顯得尤其重要。

魯西西推薦萍雅一個很巧妙的方式，就是在網上冒充老公的男性朋友，然後和老公分享一些心得體會，用正確積極地觀點去引導他，讓他以為是自己發現的，最後達到化其鬱悶的效果。

■☞妙招指點■

要有積極的事業心

三十歲的男人，應該把事業看得比什麼都重要，這樣家庭今後生計才能無憂。要改變小氣的形象當然不是靠沒有計劃的亂花錢，所謂「開源節流」，本質上還是要從開源開始。

金錢不是萬能，也不是衡量一切的標準

Chapter 1
哪種動物？

　　三十歲還是月光族，沒有存款，也不要自暴自棄。現在的社會，三十歲之前，靠自己能力買房子買車子的人還是少數，矯正心態積極上進，這段時期正是累積實力的階段，真正有用武之地的還在後面。

男人可以沒有任何東西，但不能沒有朋友

　　朋友對人的一生影響非常重要。一個能在關鍵時刻幫助你的朋友，在這個時候更是難能可貴。

遠離會讓你沉迷的東西

　　十幾歲是沉迷的年紀，可以沉迷戀愛、網友、小說，因為那時的你還有多餘的精力去揮霍，但是到了三十幾歲，就沒有很多的時間浪費了，所以要目標明確的投入精力。

正確的看待挫折

　　三十歲時，人生已經經歷過很多事情。不要害怕挫折，正確的看待失敗，錯了沒關係下次再來，重點是鬥志依然存在，因為你已經積累了更加豐富的經驗。

不要妄加評論別人

　　每個人都有自己喜歡和不喜歡的人，三十歲的人不應該把

老公
跟妳想的不一樣

這些情緒表現在臉上，要懂得控制自己的情緒，懂得如何和自己不喜歡的人相處，並試著從不同的角度去思考，也許你會發現他們身上也有優點是值得你去學習的。

責任感的覺醒

有責任感的人，才能讓周圍的同事和家人有安全感，覺得你是一個值得信賴的人。

學會珍視健康

「出來混的，總是要還」是一句江湖名言，放到健康上也是如此。年輕時過度的消耗身體，年老時往往會疾病纏身。不要以為現在年輕就可以不把健康放在心上，男人一旦過三十歲，就會明白力不從心的意思了。身體健康才是成功的本錢，有好身體才能擁有一切。

Chapter ②

老公的祕密花園

男人心中都有個不讓任何人進入的禁地，裡頭放的是自己過去曾經美好的回憶，不跟妳分享不代表不愛妳。就像女人自己心中，不也藏著一個不願跟男人分享的祕密花園嗎？

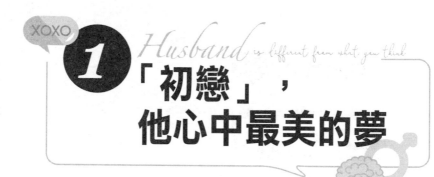

1 「初戀」，
他心中最美的夢

XOXO

Husband is different from what you think

　　經過魯西西的幫忙，萍雅開始越來越瞭解老公了。原來她以前的錯誤在於，一直在以自己的思維模式和感覺去理解老公，而那卻是大錯特錯的。因為男人和女人的本質就是不同，如果沒有遇見魯西西，萍雅想，她可能永遠都不會瞭解老公在想什麼，如果繼續從前那種自以為了解的態度，也許有一天，她真的會把他們的婚姻逼到絕路。

　　經過一連串的努力，萍雅和老公的關係比以前大大的改善了，夫妻間時常又會輕聲細語的互相打情罵俏，老公也不像之前一樣經常晚歸，生活似乎又步入了正軌。

Chapter 2
祕密花園

　　這天，萍雅上網時無意中看到振凱的電子信箱裡，有一封叫李芸真的女人寄來的郵件。雖然知道偷看老公的郵件是有些卑鄙，但是在好奇心的驅使下，她還是偷偷把它打開了。信的內容倒是沒什麼，只是一些簡單的問候，但是字裡行間，卻總有些捉不住的曖昧。

　　李芸真是誰？萍雅又犯了女人特有的疑心病，但是又不能直接去問老公，怕老公責怪她偷看他的信件。就這麼憋了幾天都快憋出病了，終於她忍不住，撥了魯西西的手機，現在恐怕也只有這丫頭可以幫她調查清楚了。

　　中午，魯西西如約出現在了她的面前。

　　「親愛的萍雅，好久不見啦，叫我出來幹嘛？是不是又要請我吃好東西啊？」魯西西是個不折不扣的愛吃鬼，基本上，見了任何一個顧客都是三句話不離吃。

　　萍雅還能不瞭解她嗎，早就準備了一盒蛋塔等著她呢。果然，魯西西見了蛋塔後，情緒十分高漲，拍胸脯保證說一定幫萍雅搞定這事，吃完就火速調查去了。

　　這幾天對萍雅來說真是度日如年，終於在週末早上收到了

老公
跟妳想的不一樣

魯西西的電話，說晚上來找她有重要的情報報告。

晚上6點開始，萍雅的心就開始七上八下，生怕是壞消息。7點15分，魯西西如約出現在冰淇淋店的門口，她來到萍雅跟前，詭異的笑笑說「妳猜她是誰？」

「別賣關子了！」萍雅急了，就怕是個壞消息，她已經無數次安慰自己，老公是不會背叛自己的。

「要怎麼說呢？其實事情很嚴重，也不嚴重。這個叫李芸真的女人呢，曾是振凱心裡很重要的人，但是只是曾經哦，現在已經是過去式了，她是他的初戀女友。」魯西西一口氣說完，然後靜靜的看著萍雅的反應。萍雅的表情比她想像中的還要平靜，但其實在萍雅的內心，卻已經波濤洶湧，女人都知道初戀對男人意味著什麼，而且最重要的是他們還有聯繫！

「振凱啊振凱，為什麼我和你結婚這麼多年，卻仍舊看不透你呢？」萍雅失望的想著。

「妳也不要太擔心，那個叫李芸真的女人早就結婚都當媽了，和振凱之間也沒什麼。」魯西西怕萍雅心情變差，待會不請自己吃冰淇淋，趕忙安慰道。

Chapter 2
祕密花園

　　「西西，我想請妳幫忙一下，能不能讓我看到振凱初戀的回憶呢？我想知道他們之間的故事！」

　　「不行，這樣對妳沒有好處的！」魯西西搖頭拒絕。直覺告訴她不能這樣做，雖然她從沒有過戀愛經驗，但是沒看過豬走路，也總吃過豬肉吧！

☺解密頻道

　　男人看初戀：男人和女人相比起來是花心一族，用情不專是他們的特點。戀愛分手後，男人往往能夠比女人更快從失敗的戀情中走出來，重新投入到另一段戀情中。但是這種情況大多發生在初戀之後。

　　初戀，是男人一生的痛。對男人而言，不管今後遇到了多麼美好、刻骨銘心的戀情，初戀在他們心中永遠都是難以磨滅的回憶。這個道理很簡單，因為人們總是對第一次印象深刻。

　　男人的初戀是純潔的，那時年少輕狂，他們會因為一個笑容而覺得世界充滿美好，也會因為一次小爭吵而頹廢不振。初戀中，他們會為第一次牽手而心跳加速，更會為第一次親吻而徹夜難眠。當這一切發生過後，純純的感覺就不再了，他們走

向色性而告別單純。

　　初戀在大多數人身上都是失敗的，一次失敗的戀情，是一次美好的終生回憶，僅此而已。這是因為初戀發生的時間較早，少男少女在愛的初體驗期，還不能夠把握愛的分寸和相處之道，太過炙熱的熱情，往往容易把不成熟的感情燃燒殆盡，家庭的反對、環境的變遷和一些現實問題，最終會讓小情侶以分手收場。

　　接著男女雙方都會開始新的戀情，人生再繼續向前。但是對男人來說，無論他們之後有多少個女朋友，但是當看到某個似曾相似的場景時，他們會情不自禁的回想到他們的初戀，想到那些曾經的美好。

　　當然，如果這時男人已經有了很美滿的感情關係，那這些也只限於想想。那是他們心中永遠不想被妻子知道的祕密，只在獨自一人的時候拿出來溫習。

妙招指點

女人應當如何對待男人的初戀：男人在遇到初戀情人後，有時會情不自禁的愛火重燃，這個時候，老婆應該如何應對呢？

做個聰明女人

發現老公近來神色不對，妳要相信自己的直覺，畢竟妳和他朝夕相處，對他再瞭解不過了。如果發現他在線上聊天的頻率明顯增加，手機通話也比以前頻繁，這時候妳要聰明一點，可以悄悄地查一下他電腦裡的聊天記錄和手機裡的通話紀錄，小心千萬不要被他發現哦。

做個笨女人

婚姻中常有人說，笨女人是幸福的，這話並不是沒有道理。如果老公真的還和初戀情人藕斷絲連，那麼跟他爭吵是最不明智的舉動。老公妳最瞭解，他為什麼會還想著初戀還和她保持聯繫？大多數並不是因為他對過去念念不忘，而是因為他現在生活的不開心，妳應該先從自己身上找原因，是不是自己太兇悍或是給他壓力太大了。

XOXO

2 「處女情結」，
誰說他不在乎？

Husband is different from what you think

初戀情人事件，後來萍雅按照魯西西的指示，先偷偷調查老公的聊天記錄和通話記錄。發現其實他們之間並沒有頻繁的聯繫，因此萍雅決定睜一隻眼閉一隻眼的原諒老公，畢竟他們的感情，不能被一段已經是過去式的記憶所破壞，萍雅還沒有那麼笨。

又到了萍雅、靜芬、苑芳、怡君四位好友，每月一次的相聚時間。萍雅下班之後快速的收拾好東西，來到了約會地點，還好今天她不是最後一個，靜芬因為有事所以會晚點過來。

三個女人都認為，如果要等靜芬到了再吃飯，她們一定會

餓到胃抽筋,所以決定先吃再說。待桌上擺滿了豐盛可口的越南菜後,三個女人開始大吃起來。

她們邊吃邊聊,不知不覺就過了一個小時,三個人都已經吃飽了。這時靜芬才提著皮包匆匆忙忙的從門口衝進來。

靜芬顯然也餓壞了,當她看著桌上的剩菜時,皺了皺眉,嗔道:「妳們三個太不夠意思了,也不等我!」

對於那些剩菜冷湯,靜芬是從來不會將就著吃進肚子裡的,於是她又點了幾道菜,繼續邊吃邊聊。

「對了,妳們知道嗎?陳淑娟和她未婚夫,婚結不成了!」靜芬好像突然想起什麼了一樣,對三個人說。陳淑娟是她們四個人的大學同學,是個滿好相處的人,所以,雖然跟她沒有深交,但四個人對她印象都很好。

「聽說她不是找了一個人好、家世好、對她也好的三好男友嗎?而且已經訂婚了,為什麼又突然不結婚了?」怡君也很驚訝的問。

「說起來很無奈,她男朋友的思想傳統又保守,據說發現她不是處女,所以就解除婚約了。」靜芬嘆了一口氣說道。

「現在還有有處女情節的男人啊！他自己是處男嗎？憑什麼要求陳淑娟是處女？」怡君憤憤不平的說。

有一段經歷，怡君沒對姐妹們說過，就是兩年前她有過一個男朋友，個性老實又不乏幽默，怡君很愛他，還認真想過要為他放棄自己一直堅持的不婚主義，當他的老婆。但是當這個男人發現怡君不是處女，並且還談過很多次戀愛的時候，他選擇放棄這段感情，這段感情讓怡君受了很大的傷害，也從此恨透了有處女情結的男人。

「沒辦法啊，男人就是這樣的，他們總是對女人有諸多要求，對自己卻從來不加約束。」苑芳也在一旁無奈的說。

「可憐的淑娟，她現在還好吧！」萍雅關心的問，雖然她自己沒經歷過處女情結的問題，但是她還是覺得男人這樣做不對。

「現在這個年代處女是稀有動物，如果所有男人都要找處女做老婆，那他們恐怕要打一輩子光棍了！」怡君說。

「可是很多人已經不是處女了？她們該怎麼辦？」萍雅問。

Chapter 2
祕密花園

　　「女人還是能有很多應對方法的，但是最主要的還是，女人要清楚知道自己的男人對處女情結的看法。」靜芬說。

《測試》

妳的男人有沒有處女情結？

１、你們一起散步，他會走在妳的哪一邊？
　　左邊─3
　　右邊─2

２、他的手機的來電是：
　　鈴聲─3
　　震動─5
　　鈴聲加震動─4

３、他每天發給妳的訊息則數是：
　　10 則以上─5
　　10 則以下─6

４、參加他朋友的聚會時，他會：
　　牽著妳的手─8
　　攬著妳的腰─6

老公
跟妳想的不一樣

5、他會選擇去哪旅遊
　　湖邊— 9
　　山區— 7

6、妳生病了，他會：
　　帶妳去醫院看醫生— 10
　　買藥給妳吃— 7

7、他出差時，會買什麼禮物給妳：
　　衣服— 9
　　當地的特產食品— 11

8、約會時，他會不會遲到：
　　準時到達— 12
　　提前到達— 9
　　遲到— 11

9、妳家裡突然停電，他會：
　　第一時間趕到妳家陪妳— 11
　　約妳到他家去— 12

10、他喜歡的電影是：
　　動作片— 11
　　喜劇片— 12

Chapter 2
祕密花園

11、情人節，他安排的節目是：

　　浪漫的燭光晚餐— 14

　　看新上映的電影— 13

12、逛街時，他發現妳的鞋帶鬆了，他會：

　　幫妳繫好— 15

　　告訴妳，讓妳自己繫— 14

13、妳的生日舞會，他接到上司的加班電話，他 會：

　　立刻去加班— 14

　　不理上司，繼續陪妳— 15

14、他喜歡：

　　白色— 15

　　黑色— B

15、他稱呼妳為：

　　名字— A

　　寶貝— D

　　親愛的— C

老公
跟妳想的不一樣

《答案》

A ——他有強烈的處女情結

他是一個十足的大男人主義者，妳期待他會不介意妳的過去？這對他確實很難做到，他希望妳是個處女，並且賢慧聽話，滿足他的控制慾。

B ——他雖然有處女情結，但是他更加在乎妳

他希望有個處女做老婆，但是他如果真的愛妳，他會試著接受妳的過去，也會接受妳。但是別總拿他和以前的男人相比，和他在一起就要忘記過去，否則會激起他心中的不滿。

C ——妳在他心裡是最重要的，處女情結閃邊去吧

因為對妳有著強烈的愛，所以他根本不會想到妳是不是處女的問題，只要和妳在一起，他就很滿足。妳在他心裡是純潔的，這與肉體無關。

D ——處女情結，他根本不在乎

他是個花花公子型人物，對於他來講，是不是處女無所謂，他甚至有些害怕處女，因為他害怕必須對她承擔責任，這種男人還是遠離為妙。

XOXO

3 「太忙了！」是真忙，還是假忙？

Husband is different from what you think

　　萍雅總是在找不到老公的時候，才想到還有魯西西這個蹩腳神仙，最近老公又開始整日不見人影，萍雅的心裡也覺得很不踏實，對於老公的忙碌，萍雅總是能以女人的特有嗅覺，嗅出一點點不正常的味道。如果知道他在忙什麼，心裡就會踏實了。萍雅想著，於是又把魯西西喚了出來。

　　很久沒見到魯西西了，見了面卻差點讓萍雅認不出來。

　　「妳的變化也太、太、太……大了吧！」萍雅看著眼前的魯西西，不禁倒退了兩步，嘴巴吃驚的有些合不攏。

　　如果不是魯西西仍舊穿著紫色的袍子，以及她那特別的墨

綠色眼睛讓人可以辨識，恐怕在街上面對面遇到了，萍雅都未必會認出她來，因為她實在是變得……太胖了！

　　當初萍雅第一次見到魯西西的時候，雖然是在夢境中，但也還記憶猶新。那時，魯西西嬌小可愛的就像一個精巧的芭比娃娃。而現在，眼前的魯西西卻像一顆充了氣的皮球般圓滾滾的，讓人有一種踢她一腳她應該就能彈起來的錯覺。

　　「呵呵，最近客戶多了些，總請我吃好吃的……所以不知不覺就成了這樣。妳又遇到什麼問題了？」魯西西笑著問道。

　　萍雅覺得魯西西胖了後，脾氣比以前好得多，不像之前那麼愛討價還價了。心想這個女孩真奇怪，好像一點都不為自己身材走樣而感到苦惱，要是人類的女孩胖成這樣，早就嚷著要絕食減肥了。

　　「最近老公又忙起來了，我卻不知道他到底在忙什麼，所以心裡感到有些慌張。」萍雅對魯西西說。

　　「原來是這樣啊，這個簡單，跟我來！」魯西西不知道從哪裡翻出了一個斗篷，然後鑽了進去。神奇的事情發生了，魯西西竟然和斗篷一起消失！正當萍雅還發愣的時候，魯西西的

小肥手一把把她拉了進去，兩人一起不見了。

原來斗篷裡的空間很寬敞，魯西西說這是一個魔法國先人留下的隱形斗篷，也是魔法國的十大法寶之一。自從落到了她的手中，已經用它來跟蹤過無數情侶，發現過無數真相了。

萍雅聽的有些背脊發涼，這是什麼國家啊！專門發明這些破壞人家夫妻感情的東西。不過這頂斗篷，倒是讓她想到了哈利波特中的情節，那是她前幾年最愛看的小說之一，振凱還曾經為了幫她買一本原稿首版，特意在書店排隊等了一上午，現在想起來都還覺得挺感動的。

兩人一路就在沒有任何目光的壓力下來到了振凱的辦公室。一如所料，振凱很忙，雖然今天是假日，辦公室裡卻依然繁忙的猶如打仗一般。

「妳看，他沒有任何異樣吧，萍雅同學！妳的疑心病太重了。」魯西西打了個哈欠說道。

「可能是吧，誰叫他讓我那麼沒有安全感呢？」萍雅情不自禁的來到了振凱的身邊，想在他身旁靜靜的待上一會，因為平時她想這麼做時，振凱總覺得她這樣會影響他工作的情緒。

　　回來的路上，魯西西又忍不住的揶揄萍雅：「後悔了吧，嫁了一個工作狂老公，是不是很寂寞，有沒有想過找個人來填補心靈的空虛啊？」

　　萍雅白了一眼魯西西：「拜託，妳還有沒有一點職業道德啊，妳是幫忙維護婚姻的使者耶，應該勸合不勸離吧！」

　　「那這樣吧，今天晚上有個關於《如何和工作狂老公相處》的座談會，不如妳也參加吧，說不定互相交流一下，可以找出好的解決辦法呢。」魯西西靈感突發的說。

　　「好啊，那晚上記得叫我哦！」

　　晚間，魯西西領著萍雅來到了座談會會場，此刻大廳佈置得五光十色，像是小學生的同樂會。幾個女人圍坐在一張粉紅色的桌子前，每個人的正前方都放著以零食命名的姓名籤，而代表萍雅的籤叫「蝦餅」。

　　萍雅對此很不滿，因為別人的名字有的叫做「草莓蛋糕」、有的叫「巧克力」、最不好聽的起碼也叫「蛋黃酥」，為什麼自己的代號這麼難聽！

　　穿紫色長袍的魯西西現在正站在講台的後方，她雖然身形

圓潤，但是仍舊顯得很有活力！

　　魯西西：各位女士，大家好，我是本次討論會的主持人
——魯西西。在座的各位都是我的老朋友了，今天我們舉辦這
次討論會的目的，是讓各位有著相同經歷的女人們，可以有一
個坐下來交流心得的機會，探討今後該如何對付那些工作狂老
公，一起共同商討幸福生活的大計，首先請「蛋黃酥」發言。

　　蛋黃酥：感謝各位姐妹的支持，不好意思我第一個發言。
我和老公結婚好幾年了，我是個事業心比較重的人，剛開始和
老公在一起，就是看中了他有責任感事業心強的優點才決定嫁
給他，可是時間長了，他沒日沒夜的加班，根本沒時間陪我和
孩子，我就變的越來越不滿，有時候對他發脾氣，誰知道他的
脾氣更大，還對我說「我這麼辛苦，還不是為了妳和孩子！」
想想他說的也對，但是我就是不能不吃工作的醋！

　　巧克力：妳這種情況我曾經也遇到過，起初也吵過也鬧過，
後來覺得老公還是愛這個家的，我也愛這個家，所以一定要互
相體諒才行。我問過一個婚姻專家，他說這種婚姻矛盾，是由
男女雙方對婚姻的要求不同造成的。男人對婚姻是責任感先行，

老公
跟妳想的不一樣

他們會把工作放在首位，覺得只有家庭經濟有保障了，才是對
這個家庭的最大承諾。而女人則是「執子之手，與子偕老」的
感性動物，在她們心中的對完美婚姻的定義，是在於能夠得到
丈夫的愛護和關愛。如果這種心理得不到滿足，她們就會覺得
婚姻不幸。

　　草莓蛋糕：我結婚時間不長，結婚前對婚姻也是充滿了嚮
往和憧憬，結果結婚後丈夫便把生活的重心放在了工作上，很
少有時間陪我。當我提出要他陪我逛街、買衣服的要求時，他
總是以工作很忙的理由推掉了，一開始我的心裡很不好受，責
怪他還伺機找他吵架。但是因為我還是愛他的，所以覺得這樣
並不是解決問題的方法，為了使自己的生活過的不那麼寂寞，
現在我把原來為了婚姻而縮小的朋友交際圈又擴大了。老公不
在的時間，我就找很多其它有興趣的事情做，讓我重新發現生
活原來可以很精彩的，而看著我每天充滿活力的樣子，老公也
很開心，他說自己像是又回到從前戀愛般被我吸引，這樣一來
不用我約他，他自己還會努力找機會抽出時間來約我呢。呵呵
不過要看我有沒有時間嘍！

XOXO

4

Husband is different from what you think

「七年之癢」是真的？

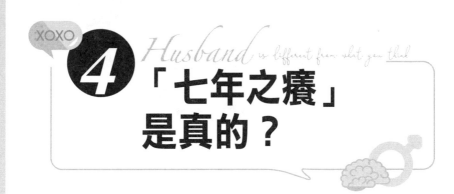

　　結婚紀念日又快到了，但是萍雅最近的工作十分忙碌，所以根本沒想到這件事，對於一個已經結婚的女人來說，這是一個最重要的日子。以往每年結婚紀念日前，萍雅都會絞盡腦汁去計劃，怎樣把這一天過的難忘又有意義，她對振凱說：「以後等到我們七老八十了，就可以互相依偎著坐在黃昏的公園裡，一起細細回味每一個結婚紀念日，你說那多美好啊！」

　　這天，萍雅看著行事曆查下周的行程，才赫然發現，後天就是她和振凱的結婚七周年紀念日。她很自責，怪自己怎麼連這麼重要的日子都忘記了？真是太糊塗了。

老公
跟妳想的不一樣

　　晚上，萍雅的小阿姨從紐約回國開會，順便想看看萍雅，於是萍雅一下班就趕往機場接她。

　　萍雅的母親排行老大，小阿姨是老么，所以萍雅的小阿姨並不老，剛剛四十出頭。再加上她十分注重保養，所以樣子看起來跟三十多歲並沒有什麼差別。萍雅從人群中，一眼就認出了穿著時尚亮麗的小阿姨，朝她揮揮手喊道：「Jassica！」小阿姨不喜歡萍雅叫她阿姨，所以自她二十多歲出國後，就要晚輩們叫她的英文名字。

　　小阿姨一上來就給了萍雅一個大大的擁抱，「親愛的，好想妳啊！妳媽媽還好吧！」

　　「嗯，很不錯，妳怎麼樣？」萍雅回問道。

　　「當然很好啦，只是很想念你們。振凱呢？怎麼沒來？」小阿姨往萍雅身後看了看，發現沒有振凱的身影。

　　「他有專案要談，出差了。」萍雅不好意思的說。

　　「沒關係，反正我停留的時間不長，男人不在我們更可以好好聊天啊。」小阿姨眨了眨眼睛，還像小女孩般調皮可愛。

　　小阿姨不只是外貌的年輕，更重要的是心理的年輕。同時

小阿姨也是成熟的，不知是她的經歷，還是思想上的睿智。萍雅感覺小阿姨總能給人一種親切舒服的感覺，能讓妳有很多話想和她說。她們聊工作、聊美容、聊家庭聊的沒完沒了，晚上萍雅索性就跟小阿姨一起睡在客房了。

「妳說，婚姻是不是都會經歷七年之癢呢？」萍雅直愣愣望著天花板，上頭的燈飾還是幾年前她和老公一起選的。那天天氣很冷，回家的時候還下了場大雨，但是他們彼此擁得很緊很緊，讓萍雅感到很溫暖。

「我想，客觀上應該是存在的。」小阿姨也望著天花板，不知道在想什麼。「我和 Mark 就是結婚七年的時候離婚的。」她淡淡的說道。

小阿姨曾經有過一次失敗的婚姻，對方是個留美博士，兩人一見鍾情後來在美國結婚，萍雅只在他們回國探親時見過這位姨丈一次，印象中是個很英俊健談的人，感覺上也沒有學術界人士的呆板，至於他們為什麼要離婚，萍雅就不得而知了，那時她還小不方便過問大人的事情。

「美國有個很有名的老片叫做《七年之癢》妳看過沒有？

最初的七年之癢說法就是從那來的。所謂的七年之癢，就是婚姻到了第七年，可能會因婚姻生活的平淡一成不變，而使兩個人都感到無聊。這時如果出現了一些別的情況，像第三者啊什麼的，婚姻就很容易破裂。但是如果能通過這些考驗，那麼就能平安度過接下來的日子。

　　我個人覺得這句話說的很有道理，只是開始『癢』的時間未必是七年，每個人的適應度都不一樣，也許有人會提早出現，有人會稍晚出現，不過我的婚姻，是正好在第七年的時候宣告結束的，剛好符合七年之癢的說法，這算是個巧合吧。」

　　「嗯，我也這麼覺得，確實是沒有一開始的激情了，反而只是親情的成分居多，現在有時看著振凱，只有一種左手握右手的感覺…就是沒感覺了！」萍雅輕嘆道。

　　「妳一定要好好處理這個問題啊，如果兩個人之間還存有感情，就要找適當的方式好好維繫，做好了就可以度過七年之癢期讓婚姻長長久久哦！妳看，我現在的婚姻不是已經過了七年了嗎？而且我跟妳姨丈的感情還是很好，所以說，愛情保鮮工作可得做好啊。」小阿姨狡黠的笑了。

祕密花園

「那妳快教我，怎麼延長愛情保鮮期？」萍雅一下子從床上坐了起來，迫不及待的要知道答案。

☺ 解密頻道

結婚並不是一時激情的衝昏頭腦，而是經過考慮後的慎重決定，這不光是對自己負責，也是對對方負責。據統計，一些家庭關係最終破裂而離婚的原因，往往是因為他們當初結婚時，做了草率的決定所導致。

☞ 妙招指點

♣可能的話，戀愛時要多聽聽周圍朋友和親友的意見。愛情往往「當局者迷旁觀者清」，不要以為戀愛只是兩個人的事情，其實旁觀者更能幫助你們用理性的角度去看清對方。

♣留點空間給對方。當愛情的甜蜜期過了，兩個人都渴望回到各自的生活空間，這時過多的束縛就容易讓婚姻亮起紅燈。所謂「空間」，就是在婚姻關係之外，彼此要保留自己的朋友、並維持正常的生活圈，如果其中一方把婚姻當成唯一的精神寄託，那麼會給對方造成過大的壓力。婚姻的穩定，往往也需要

個人的成長來做基礎。

♣婚姻是現實的，不光是指婚姻需要一些物質條件作依託，更多是指兩個人對婚姻的期待，應該也要是現實的。要清楚的記得妳選擇嫁給他的理由，他不一定是異性中最優秀的，但他一定是最適合妳的。

♣在這個個性張揚的時代，誰都不願意委屈自己，每個人就像一本書，剛開始看都會很激動、新鮮，但是讀到後來卻越來越沒感覺。所以每個人都應該在婚姻中不停地充實自己，使對方一直見到自己不同的一面。保持新鮮感，婚姻方能長長久久。

老公
跟妳想的不一樣

Husband is different from what you think

Chapter 3

「色戒」？
「戒色」！

女人想問：「男人為什麼婚後的性愛表現不如婚前激情？連次數都越來越少？」

女人納悶的找不到答案，莫非自己已經沒有吸引力或是他已經變了心？

老公
跟妳想的不一樣

1 老公最怕變成「無能」的人

　　生活一如往常的過著，擔任財務長的萍雅，原本就是缺乏情趣的女人，想法自然不多，總覺得沒有問題的日子就是好的。這幾天萍雅忙著和國稅局官員接洽，剛剛才把公司的稅務問題解決了，還替老闆省了一大筆錢，但是自己沒有太大的成就感，只覺得鬆了口氣。

　　公司設在本市最繁華的商業區，往窗外望去，高樓林立現代氣息濃厚，卻感受不到一絲的溫情。

　　萍雅正看得出神，忽然見到有個東西從遠處飛快的朝她的窗子飛來，速度極快的以一種不可能的方式直衝了過來，萍雅

「色戒」？「戒色」！

根本來不及反應，那東西就撞上玻璃了，形狀還是十分不雅的以大字型姿勢張開，整個過程不到三秒，萍雅還傻愣在那，回神後才看清楚，原來是個人啊。只見那個人的臉幾乎完全貼在玻璃上，還被擠得有些變形了。

那「東西」開始用拳頭敲敲窗子，示意萍雅讓她進去，萍雅連忙把窗子打開，扶著她進來。這時仔細一看，原來是老熟人魯西西。是啊，還有誰有這樣的本事，能在空中飛行，而且這樣撞上玻璃還能活了下來？

「謝謝，謝謝！」魯西西喘著氣，拿起萍雅桌上的茶水一飲而盡，一點都不懂得什麼叫「客氣」。

萍雅看看她，比上次論談會上瘦了不少，幾乎又瘦回初見面時的樣子。問道：「妳減肥了？」

「別提了，最近太忙了，都沒有時間來人間享受美味自然就瘦了，對了，閒話少說，我這次來可不是特意來看妳的，我是有東西要給妳。」魯西西從懷裡掏出了一本紅色的冊子遞給了萍雅。

萍雅接過來一看，上面用金字寫著《魔法國婚姻部─婚姻

修行手冊》的字樣。

「這是我們部門最新編著的期刊，剛剛發行，每個魔法使都會給兩、三個客戶試讀，我的試讀客戶自然有妳嘍！」魯西西豪邁的拍了拍萍雅的肩膀，好像跟她像哥兒們一般。

「哎呀，我還有二本要送出呢！」魯西西忽然想起了這個月就快結束，她送期刊的任務還沒完成呢，於是急忙躍出窗子，咻一聲飛走了。

萍雅望著她遠去的身影，真是為她瞥腳的飛行技術捏了一把冷汗。看她消失在樓宇之間了，然後低頭看手中的這本書。她好奇的翻開第一頁，之間裡面赫然寫著「夫妻性愛指南」，萍雅臉一紅不好意思往下看了，正巧這時候有人敲門，她急忙把書塞到了抽屜裡。

晚上又加班，忙完已經快九點了，臨走前萍雅忽然想到了抽屜裡的那本「夫妻性愛指南」於是拿出來翻看。

萍雅和老公是很傳統的中國夫妻，平時兩人對性也很少溝通交流，所以即便是結婚幾年了，萍雅仍然對性愛知之甚少。隨著年齡的增長，她發現自己的需求越來越旺盛，但是老公卻

Chapter 3
「色戒」？「戒色」！

好像越來越打不起精神，這一直讓她很鬱悶，「說不定這本書，能夠解決我的問題吧。」她想。

　　翻開書的第一章，就講述了一對夫妻因為性生活不協調而離婚的案例。萍雅看了有些心驚膽跳。她從沒想到因為性，能讓夫妻兩個會鬧到離婚的地步，她一直以為感情最重要，性是其次，看來事實上並不是像她想的那樣。

　　第二章的主要內容，是探討男性的性心理，這很快引起了萍雅的注意，男性對性的要求和女人有什麼不同呢？

☺解密頻道

　　丈夫婚後越來越少跟妳做愛了，妳心裡納悶卻找不到問題的答案。這很可能是由於妳喜歡把丈夫當做孩子來照顧，而對他無微不至的關懷，往往會讓丈夫在潛意識裡把妳當做母親，也漸漸把自己當成小孩，而忽略了妳的需要。

☞妙招指點

　　男人很重視性愛，所以女人可以經常用肢體語言，去表達妳對丈夫的愛。男人很多時候都有性幻想，在性愛方式上經常

讓男人嘗試新鮮，會保持他對妳的好奇心及對他的吸引力。

男人都希望在性能力方面能被妻子讚美，害怕被女人說成性無能。所以要經常稱讚他「很棒」、「強壯」。

男人在做完愛後常會很快就入睡，這常令妻子在性愛結束後抱怨他的不體貼，其實她們不明白男人這樣做，只是為了重新控制自己的情緒。男人認為在做愛過程中，已經徹底的表達自己對妳的激情，事情結束之後，他會感到應該「恢復一個男人的形象」。

有時女人又會問，男人為什麼在婚後的性愛表現，不如婚前富有激情？連次數都越來越少？

其實夫妻間做愛次數是沒有一定標準，並不是說每月做多少次是好的，沒有做夠多少次就是差的。性生活的多少，要根據個體差異而定，不能隨便猜疑比較，不然不但會破壞興致，還會傷害感情。

性行為不是只包括性交，男性在這個想法上總是有盲點。其實女性的示好有時只是想得到安慰，只需要你給她一個單純的擁抱而已，並不一定要有實際的行為。

Chapter 3
「色戒」？「戒色」！

　　做愛也是男人宣洩情緒的方法之一，因為男兒有淚不輕彈，而做愛可以讓他們感到安慰和安心。結束後，當他身體放鬆下來時，妻子可以透過肢體語言讓丈夫相信，他可以向妳訴說一切，以得到心理壓力的釋放。

XOXO

2 「逢場作戲」不是藉口

Husband is different from what you think

　　週末萍雅很少能與老公這樣同時待在家裡，老公不是加班就是要出差，經常是萍雅一個人逛街或者宅在家裡。

　　這個週末碰巧兩個人都在家，難得能一起在客廳看電視。電視裡的節目演什麼，萍雅並不是很在意，而是這種與丈夫相擁而坐的感覺實在是太好。正當兩人沉浸在這種久違的溫馨時，振凱的電話忽然響了，他看了來電顯示，順手把電視的音量調小聲，然後對萍雅做出了一個「噓」的動作。

　　電話那頭是個女聲：「你在哪啊？人家有事找你呢！」

　　振凱掩著嘴低聲說道：「現在在開會，開完會再打給妳」

然後掛斷了電話。

　　電話那頭的聲音萍雅覺得陌生，她用疑問的目光看著老公，老公很無奈的說：「最近公司不是要工程師也必須加入開發市場嗎？剛才那通電話就是一家客戶打來的，對方一直催著我給她電腦程式的交期，我實在沒辦法就只好先說謊應付一下了。」

　　老公工作上的事情，萍雅從來不過問，所以就沒再繼續問下去。當她靠在老公肩膀的時候，忽然想到好像很多時候她打電話給他，他也都說自己開會，跟剛才的情況簡直如出一轍。

　　於是，萍雅抬起頭很嚴肅的問老公：「好幾次我打電話給你，你也都說在開會就匆匆掛掉了，是不是也是騙我的？」

　　振凱泰然自若的說：「傻瓜，妳在想什麼啊，我騙誰都可以，就是不能騙老婆啊！」

　　萍雅看著老公真誠的樣子，點點頭相信了。

　　晚上兩個難得的興致，在床上大戰了一場後振凱倒頭便睡了，自從上次看了魯西西拿來的那本性愛指南，萍雅越來越瞭解老公在性方面的需求了，現在的性生活可說是琴瑟和諧。以

老公
跟妳想的不一樣

往萍雅總會抱怨老公完事之後就會呼呼大睡，在看了性愛指南之後，她才知道這是男人正常的生理反應，也怨不得老公。

無奈自己躺在床上怎麼也睡不著，所以萍雅翻了個身拿起了收音機，索性聽起午夜廣播節目來。咦！收音機裡傳來了的聲音，好像在哪裡聽過？

等等，是誰？魯西西！她怎麼又去當主持人了？萍雅覺得這個糊塗巫女也太瘋狂了，很愛在人類的世界裡到處跑。

只聽到收音機那邊傳來的聲音說：各位聽眾，感謝您準時收聽午夜談心節目，今天我們要談的話題是：男人，你真的只是逢場做戲嗎？

萍雅一聽，立刻豎起了耳朵，也不知道是不是今天老公的異常表現，才引起了她對這話題的注意。

☺解密頻道

這是一個關於男人、女人還有他們婚姻的故事⋯⋯

男人結婚後，發現婚姻生活並不像他想像中那麼完美，每天要面對一堆柴米油鹽的問題，又要面臨生孩子，繳房貸的壓力。這一切有時會讓他有一種想逃離的衝動。

　　恰巧在這個時候，男人的辦公室新來了一個單身的女孩，女孩開朗熱情，很快的就跟男人熟絡起來。男人覺得和她一起，可以暫時忘掉所有的壓力。女孩總是用充滿崇拜的眼神，期待男人對她說一些人生經歷的故事，這讓男人重新找回了失去已久的成就感。他發現自己很喜歡和女孩相處，儘管他知道自己仍是愛妻子的。

　　有一次，這個女孩生病了，由於遠離家鄉沒有人照顧，所以男人就主動去帶她看病、買藥，從此之後便經常對女孩噓寒問暖，也會在女孩感到寂寞的時候傳簡訊安慰她。而每次陪女孩的時候，他都告訴妻子他在加班。

　　女人終於察覺了丈夫的異常行為也發現了真相，丈夫無奈的說：「我和她只是普通的好朋友，她一個人在外地，我只是順便照顧一下而已，我和她之間真的沒什麼，是怕妳多心才沒有告訴妳。」

　　妻子說：「這樣你更不應該欺騙我，如果你愛我就更應該老實跟我說，我也很同情她的處境，說不定我和你能夠一起照顧她。」丈夫聽後，羞愧的說不出話來。

老公
跟妳想的不一樣

Q：男人什麼時候最喜歡逢場作戲？

A：男人在追求女人之初，會使出渾身解數，為了征服女人，他們對金錢、時間的付出可說是無怨無悔。但是當真正的把她娶回家相處後，卻又容易覺得日子變的索然無味，尤其是當女人被歲月磨成了黃臉婆後，於是男人便開始想像著「圍城」外面的花花世界了。

Q：男人逢場作戲後的表現？

A：男人逢場作戲，對妻子必然是得隱瞞加欺騙，當男人的行為開始變得神祕兮兮時，就是耍把戲的開始。萬一不慎被妻子發現，他會表現出自己這樣做也是不得已及十分委屈，說如此這般都是為了家庭，但實際上他可是在心中竊笑的十分享受呢。

◄ 妙招指點 ►

♣ 女人妳要知道，男人撒謊是天性，男人是熱愛自由的動物，他們喜歡隨風追逐的感覺。對他們來說，即使是再親密的

愛人，也不能把心理的祕密完全告訴對方。聰明的女人要知道怎樣去揭穿男人的謊言，並不是所有謊言都要直接的去揭穿，這樣會毀掉男人的面子，讓他十分反感。妳可以找一個適當的時間，用開玩笑的方式揭穿他的謊言。

♣女人想揭穿男人的謊言，也要看男人撒謊的大小，有的要揭穿有的則沒有必要揭穿。例如妳可以笑著對他說，「你就別說謊騙我了，我其實什麼都知道，只是不想提而已。」妳的意思他一定很明白，弦外音就是：「我其實什麼都知道喔，別拿謊言搪塞我了。」但是要注意的是，如果他真的鐵了心要欺騙妳，妳步步相逼只會把他逼的狗急跳牆。

♣對付說謊的男人，最好的辦法就是不要表現出太在乎他，每天追著他問東問西更是不智之舉。在他心情好的時候多和他溝通交流，誘導他說出真話。在他不自覺露餡時，妳千萬不可因為抓到把柄了而對他一路追殺，而是要表現出適當的寬容，讓他感到內疚，這樣目的就達到了。

XOXO

3 「婚外情」的症狀

Husband is different from what you think

自從上次對老公起疑後，萍雅就更加注意老公的一言一行，她心裡常不安的懷疑著，老公是不是背著她在外面找別的女人了？今天又是跟眾姐妹聚會的日子，她們之間已經是無話不談，萍雅把自己的心事告訴了她們。聽了之後，幾個姐妹先是沒人說話，過了一會靜芬皺著眉頭說：「其實我的問題，比妳還嚴重呢，妳們家老公不過是懷疑，最有可能不過只是逢場作戲，可是我老公呢？八成已經婚外情，我最近煩都煩死了！」

幾個人的注意力一下子從萍雅身上轉移到了靜芬那兒，畢竟「婚外情」是很嚴重的狀況！靜芬的老公是一家公司的高級主管，他幾年間從基層員工一路做到管理階層也實屬不易，是個相當有才華的男人。「最近，他總是以晚上加班不能回家的藉口敷衍我，有時候我打電話到公司去問，他下屬還真得說是

在加班，但是有些時候公司的電話根本沒人接，我不知道他到底去哪了。後來想想那些下屬說的話也是根本不能相信。」靜芬愁眉不展的說道。

「妳應該親自到公司去看看嘛，省的妳在這瞎猜，或者是請徵信社調查他，妳不知道啊？現在外面的二奶，還會請徵信社調查男人的三奶、四奶呢，妳這個正房怎麼反倒不擔心了。」怡君最先開口說道。

「妳老公會是那樣的人嗎？妳要想清楚啊，別因為過多的猜忌壞了夫妻間的感情。」萍雅擔心的說，這會兒她已經忘了自己懷疑老公的事情，反而全然擔心起靜芬了。

「當然應該擔心，男人在這個年齡是最容易出軌的！我公司一個同事，最近就是因為老公外遇才離婚的，她老公跟妳老公年紀也差不多！」苑芳也說話了。

聽她這麼一說，靜芬的眉頭皺的更緊了，接著說：「我不是空穴來風的神經質，最近他的花費也增加了許多，有問過他那些增加的花費是怎麼一回事，他說是給爸媽了，但是我問婆婆她卻說根本沒有這回事，就是這樣我才會懷疑。」

　　「我教妳一招，妳最近要留意他手機上的陌生號碼，還有通訊錄上有沒有陌生女人的名字，查一查他的通話紀錄，如果和某個電話號碼通話過於頻繁，連晚上十點後還繼續通話的，那妳就要注意了，另外就是要注意他的簡訊，給妳回覆訊息他總是嫌麻煩，但是給某個人回訊息他卻很有耐心，一回就是十幾二十則的聊整晚，這種就相當有問題！幾乎可以肯定是有了外遇。」怡君說到。雖然她沒有結過婚，但是由於換過 N 個男友了，所以練出很強的偵查能力。萍雅聽的一愣一愣的，頓時覺得自己茅塞頓開。幾個人商量出一套方案，具體內容如下：

☺解密頻道

男人容易婚外情的幾個危險時期

　　♣老婆懷孕到生完孩子坐月子這段期間，是年輕男人最容易發生婚外情的階段。因為這個時期，女人由於身體的狀況不能滿足丈夫的需求，丈夫的性慾得不到發洩，所以一些意志力薄弱的男人開始蠢蠢欲動。而女人生產完後，幾乎全部心力都投入照顧新生兒這個偉大工程中，因此也容易對男人疏於照顧和監督，男人在這時期就更加為所欲為。作老婆的，一定要密

切監視老公在這時期的行動，不然小心孩子出生，老公卻變成別人的老公。

♣四十左右歲的男人也能引起其它女人的注意。俗話說「男人四十一朵花，女人四十豆腐渣」，這時的男人往往有權力有金錢，而這些都是吸引年輕女孩的法寶。男人就算不主動，也可能會有自動送上門的女子，而四十多歲的女人自然敵不過二十歲出頭的年輕美眉，所以更容易讓丈夫難以提的起興致。

不同的女人對待丈夫婚外情的做法

♣女人一夜未眠，經過徹夜的思考，第二天她找了徵信社，搜集老公出軌的證據，一星期後，老公收到了法院的一張傳票，最後法官將所有的房子和孩子的監護權都判給了老婆。

♣女人發現了老公的婚外情，她不動聲色的去美容院做了頭髮和護膚。還提早回家做了一頓豐盛的燭光晚餐，那天晚上她身著性感睡衣，讓老公遭遇一場許久未見的激情，激情過後老公為他自己婚外情的行徑深感懊悔，他們又和好如初。

妙招指點

有一句話拿來形容這種情況再貼切不過，「愛情就像放風

箏，線放的太長，風箏就可能掙脫妳的控制獨自飛向遠方；線拉的太緊，卻容易斷掉。」婚姻亦如此。

婚外情事件結束後，夫妻生活恢復往日一般，但是之前的傷害對妳來說還並未痊癒，妳時刻忘不了的是他的背叛，妳猶如驚弓之鳥，隨便他的一個異性朋友電話，就可以讓妳的神經再度緊張起來。親熱的時候想到，他曾經也這樣對待別的女人，性趣也會變得蕩然無存。這樣的婚姻妳該如何維持？

挽救婚姻要從愛開始，既然已經渡過感情的危險時期，就要重新找回愛他的感覺。冷靜的時候問自己幾個問題

1、我為什麼選擇了原諒丈夫？

2、現在我內心對丈夫的需要是什麼？

3、我如何讓丈夫知道我的需要？

4、我如何讓對方感受到我的包容和對感情的珍惜？

5、我對丈夫做的事是懲罰還是理解？

在清楚自己心中所想之後，兩人之間的生活，最好能恢復到事發前夫妻間互信的相處模式，也要培養兩個人的共同愛好，加強感情上的交流。

XOXO

4

有些女人
妳不可不防

Husband is different from what you think

　　靜芬的事情還沒完，多日來她苦於尋覓罪證，但都一無所獲。這天，丈夫上班時把筆記電腦忘在家裡，這台電腦是丈夫的辦公用電腦，所以從來不讓她碰的。出於好奇心，她打開了電腦，開機設置了密碼，靜芬試了丈夫的生日、自己的生日以及很多別的特殊日期，都顯示錯誤，這樣讓她越是覺得電腦裡肯定有鬼！

　　打電話問了苑芳，苑芳是個電腦高手，立即提供了一款專門破解密碼的軟體給她，下載後，丈夫電腦裡的內容呈現在她的面前。前幾個資料夾都沒什麼特別的，無非是一些工作內容，

直到想打開最後一個資料夾時，發現那資料被特別上了密碼鎖住，直覺告訴靜芬問題一定在這裡。她繼續用破解軟體把資料夾打開，打開之後，裡頭有個叫做「小妖精」的檔案，立刻引起了她的注意。

打開前的一剎那，靜芬感到自己握著滑鼠的手有些微微顫抖。打開後的內容更加讓她震驚，裡面竟然是一個女人的裸照。男人沒事的時候喜歡看看 A 片這個她是知道的，但是這些照片明顯不是經過修飾的，好像是聊天視訊時的截圖。

難道丈夫竟然和別的女人網愛！靜芬感到自己的頭已經變成了幾個大，腦袋裡不知道是什麼聲音在嗡嗡作響。

仔細一看，這個女人她認識！她是老公的祕書——張翎。張翎是個能幹的女孩，今年才二十五歲，大學畢業就來到老公的公司。自從擔任了靜芬老公的祕書，對他的工作幫助很大，靜芬見過她，並且覺得和她很投緣，還曾經請她幫忙監督老公的行動，誰知道她竟然就是老公的情人！靜芬恨自己遇人不淑瞎了眼睛，把狐狸精錯當成好姐妹，心裡感到無限悔恨。

等待是漫長的，尤其是一個女人等待丈夫回家的時間，這

還不是一般的等待，而將會是一場嚴肅的盤問。

終於，男人回來了。靜芬像一個等待發射的彈簧，咻的一下子來到了丈夫面前。

「邱文龍，你給我說清楚，你電腦裡怎麼會有張翎的裸照！」她的聲音有些歇斯底里，但此時她已經無法控制自己，像個淑女？在這個時候？見鬼去吧！

老公被她這突如其來的舉動嚇了一跳，然後就平靜了下來，好像早就知道這一天必然到來的樣子說道：「我和她在一起的時間不長，就是妳去上海的那段時間開始，有一次她喝多了，我只好送她回家，事情就發生了，後來她經常邀請我去她那兒……很抱歉我沒有克制住自己。」

望著低著頭的老公，靜芬真的很想甩他兩巴掌，但是她沒有。並不是她捨不得，而是她覺得會髒了自己的手。

第一次遭遇丈夫的婚外情，靜芬顯然有些措手不及，在召集了眾姐妹共同商議的結果是：找狐狸精談一談！

老公
跟妳想的不一樣

大老婆與狐狸精的對決

正值芳齡、年輕美貌的狐狸精和芳華已逝只剩些顏色的大老婆相對而坐。

張翎：「姜姐，其實妳不找我，我也想找妳出來聊聊」

靜芬來之前已經讓自己的心冷靜下來，所以此時態度從容不迫且面帶笑容。

靜芬：「是妳和文龍的事吧，我知道了。」

張翎：「姜姐，我和文龍已經在一起一段時間了，很抱歉欺騙了妳，但是我愛他，他也愛我，你們之間既然已經沒有了愛情，那就請妳成全我們吧。」

靜芬想，現在狐狸精的臉皮真是越來越厚了，妳有什麼資格叫我放手？但還是壓制了怒火，畢竟她是知書達理的賢慧女人，不會在大庭廣眾之下上演潑婦罵街。

靜芬：「妳憑什麼來要求我呢？」

張翎：「因為他說過他愛我，等你們離婚了他就會娶我！」

靜芬唇邊掛上了一絲笑意。

　　靜芬：「他想離婚就應該自己來跟我談，怎麼是妳來談？」

　　張翎：「他怕傷害妳和孩子。」

　　靜芬：「妳真的覺得他是真心愛妳嗎？他若真心愛妳自然會和我離婚娶妳，不會讓妳跟我來談判，他會保護妳。其實妳是被他一直安撫拖延到受不了吧？我早就知道妳跟他的事了。妳一定覺得很奇怪，我為什麼沒說出來是嗎？因為男人就像孩子，總有些反叛心理，妳越是說的多，他就越對妳反感，如果我在知道後就開始大吵大鬧，恐怕妳已經進門了。」

　　「張翎妳還年輕，不瞭解男人的本性，他們喜歡冒險刺激，但是並不願意承擔責任。妳以為讓他們離婚是件容易事嗎？這裡面不止有我和他的關係，還有我們的財產分割、親朋好友的關係這些都是很複雜很難理清楚的。年輕漂亮是妳最大的本錢，妳何苦把大好的青春，浪費在這個已婚又摳門的男人身上呢，我勸妳不如把這些資本投到報酬率更高的人身上才划算啊！」

　　這番談話，靜芬已經完全掌握了主導權。看著張翎有些失措的樣子，她心裡暗暗感謝幾位姐妹幫她找的論點。

　　張翎最後走了，再也沒有出現在靜芬的生活裡。

老公
跟妳想的不一樣

妙招指點

狐狸精類型知多少？

橫搶型狐狸精

這類型的狐狸精，一般對愛情並不執著，她們之所以做狐狸精，是因為她們並不渴望愛情，她們只是喜歡這種逢場做戲的感覺，和從其它女人手裡掠奪男人的快感。總之愛情不是目標，搶才是她們最大的樂趣。

這種狐狸精的特點通常是單身、經常換男友、思想新潮作風開放。賢慧的妻子要對這型女人小心了，她們熱辣的作風，很能吸引被平淡生活磨到沒有激情的丈夫。

消費型狐狸精

消費型狐狸精是一種殺傷力比較小的類型，她們往往不講愛情，對男人也沒有什麼佔有慾，她們多數有自己的婚姻或其它穩定的戀愛關係。當狐狸精只是為了填補自己短暫的寂寞，她們知道自己要什麼也懂得進退，大多數都不會讓自己沉溺於危險的婚外戀情。

知己型狐狸精

知己型狐狸精是很可怕的敵人，她們往往是以朋友的身分自居，男人不跟妳說的話會對她講。有了這樣一位紅顏知己，男人有壓力、受傷了就會自動去她那裡療傷，在男人心裡她永遠要比妳更善解人意，更加聰明有見解，他們也許並不會發生肉體關係，但是男人在精神上卻已經出軌，所以這種狐狸精也是很可怕的。

青春型的狐狸精

有些女人不是天生的狐狸精，而是在男人的勾引下誤入歧途，這種狐狸精多數是年齡比較輕，對感情沒有很深刻的認知，所以在男人的甜言蜜語和無微不至的關懷下就很容易淪陷。這種狐狸精的優勢是年輕，年輕就是本錢，她們的活力能夠讓男人感到逝去的青春又回來了，所以對她們總是戀戀不捨。

XOXO

5 「精神出軌」更要不得

Husband is different from what you think

　　萍雅不是很感性的那種女人，但是有時思想也會飄的很遠去想些深奧的事情。上大學的時候，她曾經看過一本小說，叫做《生命中不能承受之輕》，那本小說中的男主角是一個花心男人，閱女無數，但是從來沒有給過自己的真愛。後來，不經意間認識了女主角，一個美麗純真的女孩，他們相愛然後結婚了，但是婚後男人依然改變不了花心的習慣。這讓他的妻子感到十分痛苦，但最終她仍選擇了堅守這份婚姻。

　　「靈與肉到底哪個比較重要呢？」

　　想著身邊的姐妹們經歷的種種，她不禁感嘆自己的幸運，

雖然夫妻生活已經趨於平淡，但老公至少還沒有背叛，某種程度上她也該知足了，萍雅苦笑了一下，那自己是不是應該對老公的忠誠做出一點點獎勵呢？今天就早點回家為他做點好吃的吧。

下班後，萍雅到超級市場買了一條新鮮的鯉魚和一些蔬菜，準備回去做老公最愛吃的糖醋魚。在不忙的時候，萍雅還是樂於做一個賢慧妻子的，讓自己心愛的男人開心，哪個女人不願意呢？

老公回來之前，萍雅就已經把菜擺好，為了增加情調她還把燈光調暗，點上了兩支溫馨的紅蠟燭。不一會，老公回來了。

萍雅充滿柔情的接過他的公事包，振凱卻顯得有些心不在焉，他的思緒彷彿飄向了別處，眼裡根本沒注意到萍雅為他準備的那些佳餚。

萍雅心裡一涼，一下子又想起了前陣子老公接到女客戶電話時的心不在焉，當時自己就有些懷疑，但後來沒發現老公有什麼異常行為，也就自然而然不再去想了。

有人說過，女人總是對丈夫的外遇很敏感，尤其是對她們

愛的男人，她們的第六感總是精準無比。萍雅畢竟是個聰明的女人，她不會在沒有任何證據前就吵鬧，那樣只會打草驚蛇，還會被老公說成無理取鬧。

　　晚上趁老公洗澡時，她悄悄的拿起老公的手機，翻了一下通話記錄，發現他今天跟一個叫做可兒的通話了三次，而且每次通話都超過半小時，直覺告訴她這個叫可兒的人很可疑。

　　之後她又看了一下丈夫的收件匣，在裡面發現了那個叫可兒的發給丈夫的簡訊，寫著「好想你哦，你什麼時候回家？」萍雅的心頓時繃緊了，她急忙打開丈夫的寄件匣，發現了丈夫給可兒的回信「很快，親愛的，我們晚上夢裡見！」看到這兒萍雅感到一陣眩暈，還好她扶住了牆，要不然她一定會暈倒在地上。

　　此刻她真想衝到浴室裡把老公抓出來毒打一頓，但是理智卻又告訴自己一定要冷靜，先冷靜等他出來好好談談。她坐在客廳裡等待，聽著浴室裡嘩拉拉的水聲，萍雅腦袋是一片空白，她不敢相信，曾經和她那麼深愛的人竟然會有外遇。

　　終於水聲停止，老公邊用毛巾擦頭邊走了出來，看著萍雅

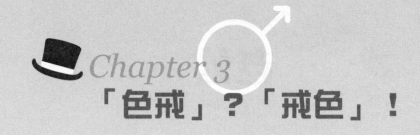
傻傻的坐在那裡說：「妳怎麼還沒回房？坐在這裡會著涼的！」
聽到他這番關心自己的話，萍雅覺的老公很虛偽，一種厭惡的
感覺湧了上來。

　　「可兒是誰？」萍雅把手機往桌上一扔，直直的望著振凱。

　　振凱急忙走過來，拿起桌上的手機，氣急敗壞的說：「妳
怎麼能隨便看我簡訊？」

　　「我不看就永遠都不會知道你在欺騙我！」萍雅吼道，眼
淚頃刻間奪眶而出。「我只當你工作忙，才對我冷淡，哪知道
你是外面有了女人。」

　　振凱看到萍雅的眼淚，態度也緩和了起來。

　　「萍雅，妳冷靜一點，其實事情並不像妳想的那樣，我和
她之間沒什麼，只是網友而已。」

　　這整晚，萍雅在質問振凱在解釋，直到天亮時兩個人已經
筋疲力盡了，萍雅終於相信振凱和這個叫做可兒的女人，確實
沒有實質性的關係。

　　原來這個叫可兒的和振凱是在網路上認識的，他們一起玩
一個網路線上遊戲叫做《類比家庭》，在這個遊戲中兩個人是

老公
跟妳想的不一樣

一對夫妻，每天吃飯、睡覺、工作，但是在真實世界中，他們是從來沒有見過面的。

振凱認為他並沒有背叛萍雅，但是萍雅一想到他們在網路上如此親暱，甚至已經發展到互相打電話、傳簡訊就很生氣。

難道精神出軌就不是背叛？

☺解密頻道

精神出軌不可怕？

生活裡充滿了誘惑，尤其是對男人來說更是如此。人們都不滿足生活在一個一成不變的環境中，生活中的一切都會產生變化，感情更是如此。人們渴望天長地久的愛情，但是愛情中往往上演著背叛與別離。當妳的男人已經在思想上開小差，就意味著有一把刀，已經架在婚姻的脖子上，也許某一天一個機緣巧合的機會，精神出軌就會變成真實外遇。

面對男人的精神出軌，妻子要謹慎對待。當男人們開始找藉口不回家，或在家也寧願獨處；總是對妳有諸多抱怨，拒妳於千里之外，也開始記不清妳的生日，對妳的熱情總是敷衍了事；開始對妳漠不關心，也不想跟你談心。那麼這個男人很可

能就是已經精神出軌了。

妙招指點

妻子要看精神出軌的程度

精神出軌很可怕，但是同時也說明男人還是心有羈絆，他對妻子對家庭還是有一份責任感，所以才使他不敢跨出最後一步。如果羈絆他的是這種責任心和道德感，那麼婚姻就不會宣告破裂。

這個時候，先不要一味的去責怪他，而是弄清楚他為什麼要出軌？原因是不是在自己身上，如果他的理由是，因為長期的相處，讓彼此間的吸引力變淡，妳也不用對他發牢騷，雖然這是藉口，但某種程度上他說的也是實話。

妳需要改變自己的生活狀態，讓自己不斷進步也會讓他有新鮮感，為平庸的生活增添一些色彩，這樣他自然會回到妳的身邊。

6 只是一場
「豔遇」而已？

Husband is different from what you think

　　自從上次的出軌事件後，萍雅和振凱就一直處在冷戰的階段，萍雅聽了「專業婚姻顧問」魯西西的勸告，要自己暫時不要輕舉妄動，因為那樣，只會把兩個人的關係弄的越來越糟，畢竟她還不想離婚。

　　儘管她並沒有對老公窮追直問，但是她自己的心結卻始終解不開，一想到這個男人曾跟另一個女人如此親密的互稱愛人，她覺得很難接受。而老公對這一切卻不以為然，在他看來那只不過是一場「豔遇」而已，況且還是虛擬豔遇，萍雅純粹是瞎緊張。

　　萍雅滿腹牢騷無處發，只能號召姐妹們一起陪她喝悶酒。

　　晚上的酒吧是寂寞男女的去處，這裡能讓他們忘卻白天的壓力和煩惱，在歌舞昇平的氣氛中忘卻一切。此時與其他人的互不相識，反而變成了一種安全感。

　　她們四人找了一個角落處坐下，點了一瓶威士忌，幾個人對飲起來。

　　對於男人這話題，女人們聚在一起永遠有無限的抱怨和滿腹牢騷。當幾個人正互相抱怨的時候，怡君忽然「啊」的叫了一聲，她睜大了眼睛用手指了指前方，示意其他人朝那邊看。三個人順著她手指的方向看去，臉上也都出現了驚異之色。

　　吧台旁一個男人正和一個打扮時髦的女郎在調情，男人一隻手拿著酒杯，另一隻手不安分的環住女郎的腰際，男人低下頭在女郎耳邊說著什麼，女郎一聽一陣嬌笑，兩個人的臉貼的更近了，說著說著竟然熱吻在一起了。

　　她們四個女人看到這一幕，全都露出瞠目結舌的表情，因為這個男人是靜芬的老公！

　　四個女人的午夜聚會，在靜芬給老公的一記響亮的巴掌後

宣告結束，後來靜芬跟老公離婚了，但是靜芬的老公，始終堅持認為那只是一場不期而遇的豔遇而已，只是不巧的這場豔遇被自己的老婆看到了。

男人面對豔遇態度

《西遊記》是一部經典名著，其中之一的經典處，是在唐僧、豬八戒這兩個很有特色的角色身上，他們剛好可以代表不同類型的男人。而整個西天取經的過程，其實可以看作是一場場的豔遇之旅，在這段旅程中他們遇過的美女形形色色，有一心想劫色的、也有真心相待的、更有見唐僧肉起異心的……師徒四個幾乎時時刻刻都要接受這些突如其來的豔遇考驗，那麼我們來看看這些男人對這些誘惑都是何種態度呢？

豬八戒

豬八戒面對豔遇是最開心的一個，老豬愛美女天下皆知，要不怎麼會被從天庭的天蓬元帥貶成人間豬一頭？他對美色幾乎來者不拒，但是也因為這種態度，反而會令所有女人沒了胃口。女人們對他百般戲弄，他卻仍舊執迷不悔，這就是很多男人面對豔遇時的寫照吧。

唐僧

唐僧是個老實人，規規矩矩的恪守著佛家的教誨，不近女色就不近女色，對女人一概避之。這種男人看起來是極度排斥豔遇，但是實際上呢？他是根本不瞭解女人為何物的木頭人？但如果對女色是真的不害怕也不期待，就應該是無嫌可避吧。

【測試】

老公對一夜情的接受指數

說明：測試中用 Y 表示（YES），用 N 表示（NO）

1、妳是老公的第一個女人嗎？

　　Y→2；N→3

2、他第一次的初體驗是在 23 歲以後嗎？

　　Y→5；N→6

3、他不相信婚前性行為？

　　Y→5；N→4

4、他認為男人是為下半身思考的動物？

　　Y→6；N→5

5、他會總是用肢體語言表達愛意嗎？

　　Y→8；N→7

老公
跟妳想的不一樣

6、他認為擁抱比接吻神聖嗎？

　　Y→7；N→9

7、他經常喜歡開黃色玩笑？

　　Y→9；N→8

8、妳是不是有時候覺得他像小孩子？

　　Y→10；N→9

9、他想要幾個小孩？

　　1個→14；3個→12；不要→13

10、別的男生在看A片，他會⋯⋯

　　高興的加入→12；找藉口離開→11

11、他不會見到性感的女人就一臉癡呆狀？

　　Y→19；N→12

12、胸大的女人對他來說很有吸引力？

　　Y→15；N→14

13、他是喜歡愛運動陽光型女孩的男人嗎？

　　Y→15；N→14

14、他有很多異性網友嗎？

　　Y→16；N→18

15、他很有女人緣嗎？

Y → 17；N → 16

16、他十分在意自己女朋友的長相？

　　Y → 18；N → 19

17、他喜歡認識身材火辣的女性嗎？

　　Y → 21；N → 19

18、他喜歡女人雙腿修長嗎？

　　Y → 20；N →分析結果 C

19、他比較喜歡以下哪個角色？

　　潘金蓮→分析結果 C；祝英台→分析結果 D

20、他認為現在的電視劇和電影⋯⋯

　　太過開放→分析結果 C；還可以→分析結果 A

21、他經常對朋友發完脾氣後再去道歉嗎？

　　Y →分析結果 B；N →分析結果 C

答案：

A、一夜情接受指數 70% ～ 90%

　　這可以說是很高的指數了哦。他屬於現代型前衛開放的人類。這樣的男人有著性開放的思想，容易放縱自己的生活。因為他不喜歡清粥小菜般的平凡生活。只有變換的新鮮感，才能

老公
跟妳想的不一樣

滿足他對刺激生活的追求！

B、一夜情接受指數 50% ～ 70%

他是個思想屬於比較隨興的人。沒有人可以確定的說他是不是喜歡一夜情。他是個很情緒化的人，想做什麼一般都取決於他當時的心情。在他心情不好的時候，可能自己在酒吧喝的醉醺醺的，而在這個時候會發生什麼事，就連他自己也不是很在意。但是在正常情緒時的他，只想和最愛的人在一起。

C、一夜情接受指數 30% ～ 50%

他是那種想放縱自己，卻又不敢那樣做的人。常想著為什麼別人可以做的事情，自己為什麼不能去嘗試一下。可是當他好不容易說服自己去放縱時，另一個傳統思想又會浮現告訴他，這不是好老公應該做的事情，所以他常在傳統和現代思想的束縛中掙扎。

D、一夜情接受指數 0% ～ 30%

他是個思想傳統的男人。相信婚姻是愛情的結晶，不會把自己的幸福葬送在不值得的人的手裡。所以，發生一夜情的指數相當的低。現在這個社會，像這樣的男好人已經不多了！

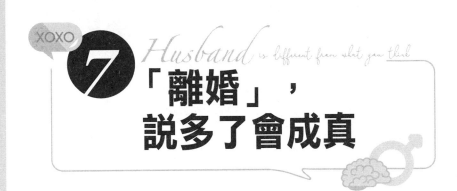

XOXO

7

Husband is different from what you think

「離婚」，
說多了會成真

　　「離婚了！」經過很多次分分合合、吵吵鬧鬧，靜芬真的和老公離婚了。而在這幾個月的折騰下，靜芬整個人瘦了一大圈，但是最可怕的並不是身體的消瘦，而是心靈的空洞。

　　萍雅心疼姐妹，所以這陣子只要一有空就往靜芬家跑，怕她想不開做出什麼傻事來。因為萍雅能感覺到，靜芬其實還是很在意那段婚姻的。

　　去她家時靜芬都只是睡覺，也很少吃東西，萍雅擔心她這樣下去會把身體弄壞，這次還特意準備了燕窩湯來幫她補一補身體。

「妳老是這樣待在家裡也不是辦法啊，不是還有一大堆事等著妳處理嗎？」萍雅望著毫無精神的靜芬心疼的說。

「我現在什麼都不想做。萍雅，說實話我真的好後悔離婚，常想到那時自己和他之間真的到了完全無法挽回的地步了嗎？他說的也對，不過是一次豔遇而已嘛？我何必如此大驚小怪呢，他是男人啊，男人有些幻想都是正常的，為什麼我這麼不能忍耐？偏偏要離婚？」靜芬有些歇斯底里的說。

萍雅不知道怎樣安慰她，她心裡覺得如果是自己遇到這種情形，她也會做出跟老公離婚的決定，畢竟，有幾個女人能忍受出軌的老公？她認為難過只是暫時的必經之路。

「萍雅，其實有很多事情妳不知道，現在回想起來，都覺得很多時候是我在無理取鬧，我想就是因為這樣，我跟他的婚姻才走到了這地步，妳千萬別像我一樣把自己推到了懸崖邊啊。」靜芬很認真的說。

「妳說的是什麼意思？」萍雅試探著又問了一句，難道靜芬離婚的原因，並不像她們看到的那麼簡單？

「事到如今，我反省了過去，我們會離婚看似責任在他，

但其實我也有很多不對之處。以前我太喜歡無理取鬧了。每次有一點小事我就會跟他鬧，鬧到最後就會以離婚作要脅。妳聽過《狼來了》的故事吧，有的事說多了就不值錢了，離婚也是這樣。以前只要我說要離婚他就會緊張，但是這次，我的本意是想讓他好好跟我道歉，盼他能從此改過。誰知當我提出離婚要求時，他二話不說就答應了。」說到這裡靜芬的眼淚又止不住的掉下來。

　　靜芬結婚前曾經有個大學戀人，但是畢業後因為居住距離相隔太遠而分手。後來的老公——文龍是在網路上認識的。當時很想結婚的靜芬，加入一個徵婚網站成為會員，透過網路聊天最後選定了文龍當男朋友，因為覺得他基本條件不錯，給人的感覺也算老實，於是經過一段時間的交往他們就結婚了。

　　婚後靜芬在家做起了「全職少奶奶」，雖然文龍是一家公司的管理者，但是靜芬發現少奶奶也並非像她想像中那麼好當。生意人總是計較的，自己沒有任何的收入，所以在家總有一種拿人手短吃人嘴軟的感覺，有時買一件稍微貴點的衣服，婆婆也會給她臉色看。

老公
跟妳想的不一樣

　　長期這樣的怨恨累積下來，就變成夫妻間的吵鬧，每次吵架靜芬都會把離婚掛在嘴邊，她記得有一次，她氣極了又說要離婚，並且說完之後甩頭就回房去收拾東西，文龍馬上就跟上了從身後抱住她求她別走，她的一顆心馬上被軟化了，這讓她感受到老公是在乎她的，每次都是如此。

　　終於到了這次，表面上看似是她對文龍的花心已經忍無可忍，但其實她仍舊希望文龍能夠改過自新、承認錯誤，求她留下來。但也許是一次一次的重複過程已經讓文龍疲憊；也或許是太多次掛在嘴邊的離婚，已經讓文龍心中有了「這一天終究會到來的」準備；也或許是他的心是真的已經給了別人……總之，他同意了。同意時是完完全全的沒有挽留也沒有哀求，淡淡的說「好」就像不曾愛過一樣。而這個時候靜芬徹底絕望了，她從沒想過她會真的離婚。

　　當簽下離婚協議書的時候，她仍覺得這一切是在作夢吧……

Chapter 3

「色戒」？「戒色」！

女人為什麼總愛嚷著要離婚？

男人和女人是很不同的動物，很多男人是心裡渴望自由的，他們日思夜想的就是離婚，然後去尋找人生的第二春豔遇到絕色美女。但是這些只存在他們的想像中，很少有男人會把離婚付諸行動，因為他們覺得離婚是件麻煩事，牽扯的東西也很多，而且他們深諳自己的「花心」本性，誰能保證「下一個女人會更好？」所以他們寧願維持現狀。

而女人呢？剛好和男人相反，女人是一種口是心非的動物，她們對婚姻的忠誠度要高於男人，她們會以實際行動忠於婚姻，但是有趣的是，整天嚷著要離婚的人卻也是她們。

婚姻不像戀愛，戀愛時期的男人為了將女人追到手，對女人總是百依百順，任由她們撒嬌任性，也願意連哄帶騙的遷就女人。結了婚之後形勢就開始完全改變，這時，因為女人已經是男人的囊中之物，而男人對女人也少了之前的好奇心和征服感，因此就比較不會繼續對女人忍耐和謙讓。

可悲的是，大多數女人並不明白這一點，她們通常仍未從

老公
跟妳想的不一樣

戀愛期中的女王角色裡轉變過來，更不能理解老公的想法，所以在婚姻中女人如果以為可以繼續以自我為中心，那就大錯特錯了。

婚姻都會經歷幾個階段

初期是兩個人的磨合期，這時兩個人生活習慣的不同會暴露無疑，雙方難免會爭吵，而爭吵中最常聽到女人說的一句話就是：「既然不合就離婚啊！沒有你我也能過的好！」這話也許說的時候覺得瀟灑、痛快，但是妳們是否考慮到說出這句話的後果呢？本來是小事，雙方很容易溝通解決，但當這句話說出來的時候，無疑是一把刀捅到了男人的心裡，他們會當真。

也許第二天你們就和好如初了，但是說者無心，聽者有意，說的人並沒想到這話有多麼大的殺傷力，但是作為聽者的一方，在心裡卻留下了不可磨滅的傷害。

Chapter ④

用「雙面鏡」照照自己

女人事業上的成功，並不需要以「犧牲婚姻」做為代價，如何在家庭與事業中找到平衡點，聰明的女人，妳要這麼做……

XOXO

1

Husband is different from what you think

在外當大女人，
回家做小媳婦

　　如今這社會女強人不少，萍雅也算是其中一個吧，至少朋友們都是這麼認為的。萍雅是個踏實的人，因為她是個財務主管，做財務的不能不踏實，不踏實容易犯錯。也許就是她這種認真負責的精神，所以特別能得到長官的信任。進這個公司幾年下來，也算是小有成就，所以說有時人的成功是和運氣分不開的。

　　與萍雅相比，老公振凱就不幸多了。大學時的振凱是個有理想的青年，曾經他對未來有過很多構想，也對成功充滿信心。但是誰知總是時運不濟，他第一份任職的公司是一家大型的跨

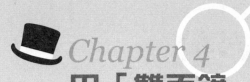

國集團，但是由於遇到了全球金融海嘯，使得他和許多同事一起被裁員了。幾經波折，終於來到了現在的這家公司。但卻因和長官理念不合而得不到重用，兩年下來也還是一個普通的技術人員，想跳槽又擔心萬一跳不好還要從頭開始，這一猶豫一耽擱也就更沒信心跳槽了。

萍雅一早來到公司，就感到氣氛有些詭異。屬下都笑盈盈的看著她，問什麼事他們也只笑不答，萍雅覺得很怪。進自己的辦公室坐下沒多久，就接到總裁辦公室的電話，要請她過去說有事商量。

來到總裁辦公室門口，萍雅輕輕地敲了敲門，進去後才發現辦公室裡還有一個人，從他的舉止態度上萍雅有預感這一定是一位重要人物，後來發生的事情，也證明她的推斷是正確的。此人正是集團人力資源部的總監 Jue，而他這次帶來一個對萍雅來說是天大好消息的事，就是她升職了！集團對她的工作表現十分欣賞，因此決定提拔她為區域副總，以後將分管財務部和業務部。萍雅聽後興奮的想跳起來，原來同事們早就知道了，只是為了讓她驚喜，大家忍住的沒走漏半點風聲，所以早上的

那種詭異氣氛也全是因此而起。

　　萍雅在得到了這個好消息後，第一個想告訴的人就是老公，她打了電話給振凱電話卻不通。回去當面告訴他也好，她想著。

　　振凱一回家，就被萍雅用力的抱住，他感到今天的老婆格外熱情，應該是有好事發生。

　　「老公，我們今天去法國餐廳吃飯吧！我有好消息要宣佈！」萍雅興奮地說，今天她提早回來還特別換上小禮服，準備在浪漫的氣氛下，把自己的好消息告訴老公。

　　「什麼好消息？不說我就不去，今天回來還有很多事情要做呢！」振凱早就察覺氣氛有些不對，好奇的問。

　　「還有什麼好做的啊，這可是大事呢，就是你老婆我升職了，以後我的年薪是上百萬了，我們可以每週都去法國餐廳吃飯，每年也能出國度假了！」萍雅興奮地說，她現在的年薪是之前的好幾倍，可以做很多以前不能做的事了。

　　振凱聽後並沒有和萍雅一樣興奮，而是態度有些冷淡地說道：「哦，是嗎。那恭喜妳啊！不過今天真的不能去幫妳慶祝。

我還有些事情沒做完,雖然我的工作一般,但是也要認真完成的!對不起了,老婆。」然後進了書房,連吃飯的事情都沒提,只剩萍雅一個人盛裝打扮的呆立在客廳裡。

萍雅很生氣,老公的這種態度讓她很受傷,她不明白,為什麼老公不能和她一起分享她的喜悅呢?她想打個電話跟朋友哭訴,想了一下覺得打給姐妹淘們並不合適,明明是自己想抱怨一下的,但會讓別人聽起來反倒成了炫耀,只好找個無關痛癢的人發發牢騷。於是她又撥了魯西西的手機。

「妳說他多過分啊!」萍雅委屈的說道。

「呃……,我覺得妳也不對,妳沒有站在他的角度去想問題哦!」魯西西的感情顧問已經做得越來越有心得了,現在遇到問題已經不像當初那般糊塗,而是第一時間能夠找到問題的癥結,一針見血的指出來。

「他的角度?他什麼角度啊?他老婆升職他應該高興啊,畢竟我也是為了這個家才努力工作的,現在終於有了回報,他還不高興?那我做的一切還有意義嗎?」萍雅不滿的反駁道。

「妳要了解男人的自尊心啊,男人都希望自己能強過老

老公
跟妳想的不一樣

婆，老婆太強勢會讓他們無地自容，這樣的婚姻也多數是走不下去的，妳太成功他當然會受不了啊！」

　　女強人們如是說：「我事業上成功，這有什麼不對？為什麼還要要求我扮演小媳婦的角色？男人，你是不是太得寸進尺了？」

　　女強人的婚姻大多失敗是一個通病，曾經有一個電視節目，曾對一群「女強人」們做過一個調查，調查中大多女性都是單身，而且其中有很多還是已經離婚或是高齡仍未婚者。這種情況說明的一個事實，就是女強人在事業上的成功，很多是要以犧牲婚姻做為代價的。

　　婚姻和事業就像是一塊蹺蹺板，女強人們在其中卻很難找到平衡的支撐點。

　　女強人們擅長解決工作上的問題。這種強勢的心理，使她們認為自己可以解決所有問題，要解決婚姻問題當然也是輕而易舉，於是她們用十足的理性去對待婚姻，像對待下屬一樣對待另一半，而這種方法必將會導致婚姻堡壘的動搖。

　　婚姻並不像工作凡事都有對錯，婚姻有時候的樂趣，反而是兩個人一起做錯誤的事情並一起承擔後果，但是女強人們卻無法忍受錯誤，「對」和「錯」對於她們來說太重要了，在欠缺包容力的情況下，兩個人就很難一起走下去了。

　　要做為一個身經百戰的管理人員，女強人們一般必須比男性付出更多的努力、更多的犧牲，她們比一般女性更加剛強，對待下屬她們往往都有著很強的控制慾。不幸的是，這種控制慾很容易表現在婚姻生活裡，在她們看來管理老公似乎是她們工作的一部分，但是這種管理方法只會讓生性愛好自由的男人感到備受壓抑。

妙招指點

　　婚姻裡，女人要掌握好與老公相處的分寸，因為妳太弱他會看不起妳，不但他欺負妳，連他的家人可能都來參一腳。不要讓自己淪落成任人踐踏的小草，所以女人要強悍起來。但是如果妳強悍的像母夜叉讓老公見到妳就怕，那麼他自然會嚇得想逃，一有機會就溜走。

老公
跟妳想的不一樣

對老公溫柔的老婆不吃虧

女強人的工作不可能清閒，女人要在職場上獲得同樣的成績，總要比男人付出更多的努力，因此回家後疲憊不堪是難免的，對承擔家務瑣事總是心有餘而力不足。這個時候如果老公抱怨聲連連的話，妳不要和他針鋒相對的理論，因為這樣的結果多是不歡而散。

聰明女人應該有更好的處理方法，男人是種吃軟不吃硬的動物，當他對做家務有牢騷滿腹的時候，妳要適時的給他一些溫柔讚美的體恤之詞。也要說說妳工作是多麼辛苦讓老公心疼妳，他心疼妳總比妳心疼他來的好吧。

再忙也要重視屬於你們二人的重要日子

一年三百六十五天，是不是每一天都要忙碌的過呢？當然不是，女強人們要記住了，即使再忙也要把重要的日子空出來。想想，忙碌的妳為了老公特意放下重要的公事，只為了慶祝他生日或是兩個人的紀念日，這會讓男人很感動的，不但不會再埋怨妳總是忽視他，他還會更加愛妳。

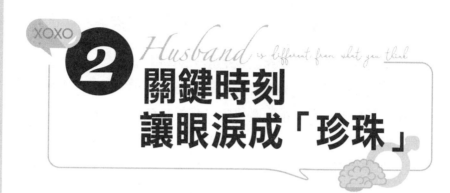

XOXO

Husband is different from what you think

② 關鍵時刻
讓眼淚成「珍珠」

　　人說女人是水做的，不愛哭的萍雅從來不以為然。她躺在床上和吊在天花板上的魯西西，討論著眼淚的作用。

　　「只有林黛玉那種弱不禁風的女人，才會天天以淚洗面吧。好好的哭什麼呢？沒什麼問題是解決不了的，即便是真有什麼困難，哭有用嗎？還不如把擦眼淚的時間留著想辦法呢。」萍雅一邊敷著眼膜一邊說。

　　「當然有用了，妳沒聽說過一句話嗎？女人最好的武器就是眼淚。小說裡不是有個兵器譜排行榜嗎？我認為排名第一的應該是女人的眼淚。妳想，李尋歡的飛刀能夠抗拒林詩音的眼

淚嗎？」魯西西手裡拿著一本漫畫一心二用的說。

　　萍雅撇撇嘴巴，她現在已經榮升公司副總了，身為女強人的她，怎麼能和眼淚扯上關係呢？那樣未免也太……太不符合她的形象了。

　　「又開始拿出妳那女強人的作風了？上次是怎麼告訴妳的，女強人也要適可而止吧，在家絕對不可表現出來，女人就要有女人家的樣子，關鍵時刻要拿出眼淚來，這比什麼武器都好用！」魯西西把書擱在一邊慎重的對萍雅說。

　　萍雅看她這個樣子，也不能不信了，因為魯西西畢竟是權威人士，而且每次她教的招數，還都是蠻有用的。

　　魯西西像是為了證明自己的觀點一樣，手指了指，牆上立即出現了一幅活動的影像，萍雅認出了這是電視劇《橘子紅了》的一個片段。畫面中周迅演的三姨太秀禾，因為做錯了事情，對著一家之主六爺委屈的說：「六爺，我不是那個意思……」最動人的不是她委屈的說話聲，而是她一雙大眼睛裡閃著晶瑩剔透的大淚珠，這幅楚楚可憐的模樣，別說男人看了心疼，就連女人也會不由得憐惜了起來。

　　「看吧，這就是女人眼淚的神奇之處。作女人要遇強則強，遇弱則弱，沒有規定是要妳一定要怎樣做。不信妳親自試一下好了。」

　　「試一下？」萍雅覺得對這提議比較有興趣了，因為從結婚到現在，她在老公心裡一直是一個堅強的女人，從沒在他面前流過眼淚，她現在倒是有些好奇，老公會如何對待她的眼淚？

　　自從萍雅升職後，振凱一直有心結在，對萍雅的態度也總是那麼不冷不熱的。魯西西一直勸告萍雅要溫柔對待，對丈夫溫柔一點，但因為萍雅一向剛強的性格，一時很難掌握溫柔的尺度，所以跟老公之間的關係到現在還有點緊張。

　　在魯西西的指點下，萍雅決定上演一齣「眼淚降夫術」。

　　萍雅為了這次的「表演」早早就醞釀好了情緒，老公一回來她就表現出有些落寞，因為這些天一直被老婆討好著，所以老公也覺得有些奇怪，老婆是怎麼了？

　　直到晚上睡覺前，萍雅也沒跟老公說上幾句話，這讓本來就充滿疑問的振凱更加狐疑。萍雅側臥在床上，背對著老公躺著，振凱雖然正看著報紙但是卻看得心不在焉，他認為有必要

問一下老婆到底發生了什麼事情？

「今天妳怎麼了？心情不好？還是遇到了什麼事情？」振凱放下報紙轉頭問萍雅，萍雅搖搖頭並沒回答，但是身子卻在微微的顫抖。

振凱以為她身體不舒服，所以趕忙扳過她的身子一看，淚水已經順著萍雅的臉頰滑了下來。振凱沒看過萍雅哭，所以一時間嚇壞了，感到又心疼又無措。

「怎麼了？怎麼了？妳別哭啊，告訴我發生什麼事情了？」他焦急的問道。

萍雅邊哭邊暗自讚嘆魯西西出的主意果然奏效，看著老公對自己緊張關心的樣子，她覺得要好好把這場戲演好，因為自己已經好久沒享受過被呵護的感覺了。

「老公，我好難過啊！」萍雅鑽到振凱的懷裡，開始泣不成聲。

「怎麼了，是不是有人欺負妳了？」振凱緊緊地抱著萍雅，力量透過有力的臂膀傳了過來，萍雅感到無比的安心，本來只是一場哭戲，但是不知不覺間萍雅覺得自己好像真的入戲了，

Chapter 4
用「雙面鏡」照照自己

忽然感到好像自己確實有好多委屈似的，竟伏在老公的懷裡大哭起來，抽噎的說道：「現在工作很辛苦，很多複雜的關係，我真的覺得很委屈，回到家裡你也不理我，有時候我真的覺得怎麼做都沒意義，讓我好難過！」

聽到這，振凱忽然覺得自己這個做丈夫的實在當得很糟糕，他開始反省自己，自從老婆升職之後，自己其實是被一種嫉妒心控制著，他無緣由得就是想對老婆冷淡，他這是在懲罰她的成功嗎？多麼糟糕、多麼鄙夷啊！

「對不起，萍雅，都是我的錯。我沒有為妳考慮，反而給了妳更大的壓力，原諒我吧，其實我內心是為妳高興和驕傲的。瞧！我老婆多出色啊！」振凱摟著萍雅抱歉的說。

這一夜，振凱和萍雅相擁而眠。臨睡前，萍雅在心裡迷迷糊糊的對魯西西說：「妳出的主意還真不錯，眼淚真的挺好用的！」

老公
跟妳想的不一樣

眼淚的妙用

WHO：哭要對著誰哭？

把眼淚給不疼惜妳的人，無疑是浪費身體裡的鹽分和水分。選對了人就意味著妳可以達到預期的效果。

WHERE：在哪哭

選擇也是一個有技術成分的事，因為男人是面子動物，就算他疼惜妳愛妳，但是妳也不要傻到在大庭廣眾之下，當著眾人的面前大哭，這樣只會讓妳身邊的他覺得手足無措沒面子。妳盡可能在家裡鼻涕眼淚橫流，那樣才能得到妳想要的效果，否則就是自取其辱。

WHAT：為什麼哭

物以稀為貴，眼淚亦如此。哭多了就不值錢了，有人把眼淚比作黃金就是這個意思，想一下，如果滿街都是金子，那麼金子與石頭還有什麼分別？所以說，妳要把眼淚留到最關鍵的時刻，不要因為小事輕易掉淚，畢竟他的同情心也是有限的。

Chapter 4
用「雙面鏡」照照自己

UHEN：什麼時間哭？

哭是一種情緒的宣洩，不管妳是因為什麼事情哭泣，都要考慮到自己的身體條件。科學研究指出，早上、吃飯時、睡覺前，都是不適宜流淚的，這樣會傷胃傷害神經組織，所以在博取同情時一定要分外小心。

UHY：為什麼哭？

在男人面前的掉淚，很多時候是女人要測試他對自己究竟愛有多深。當妳哭泣時，一個男人只是把妳攬在懷裡，那麼說明他對妳很憐惜，但是還不夠愛；相反如果他答應幫妳解決妳的問題，甚至是拿出一顆鑽戒來向妳求婚，那麼幾乎在這個脆弱的時刻，所有女人都會被這全心全意的溫柔所俘虜。

◄妙招指點►

聰明女人用腦子哭，笨女人用眼睛哭

聰明女人是懂得珍惜眼淚的，她們不流淚的時候是堅強的，她流淚的樣子，只能存在男人的想像裡，但是必要的時候她們會把這種想像變成現實。她們每次哭，都能把握住「關鍵時刻」，讓男人在毫無準備的情況下束手就擒。

聰明的女人，懂得誰會瞭解她們的眼淚

眼淚是炸藥，聰明女人是最好的爆破手，她們知道並不是所有人都會買帳，對待那些心有旁騖的冷漠男人，她們會更加冷漠，她們的眼淚這些男人一生都不會看見。但是對那些懂她們的人，她們的眼淚就是從心裡流出來的，帶著最動人的詩篇，直奔男人的懷中。

聰明女人，懂得自己的悲傷是建立在男人快樂的基礎上

聰明的女人瞭解男人，也能夠看透男人，她們知道男人的本質是自私，這種動物只有在自己完全無憂的狀況下，才會去關心別人的疾苦，即使對待他們愛得女人也不例外。所以聰明的女人會在男人高興的時候哭，這樣並不是掃興，而是更增添了男人的成就感和保護慾。

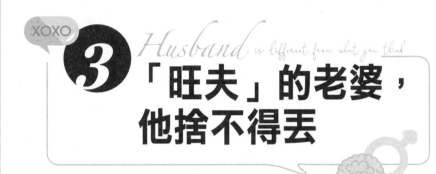

3 「旺夫」的老婆，他捨不得丟

Husband is different from what you think

　　萍雅有時不想開車上班，所以偶爾她也會選擇坐捷運上下班。早上她買了一份報紙利用在月台等車的時間看，雖然她是一家公司的副總，但是畢竟也是女人，是女人都愛八卦，八卦新聞偶爾她也是會想看看的。

　　翻到娛樂版，萍雅發現今天的頭條，是一個娛樂圈名不見經傳的女星，即將嫁入豪門的消息，剛巧這個「豪門」也算是萍雅的生意夥伴，前不久剛剛見過。於是，她較有興趣的看了起來，這篇報導總結了該女主角，從一個小角色到認識貴公子的全過程，並且大談特談這位女主角，嫁入豪門前的一些準備

工作，比如其中一項就是「面相」，要讓家族御用的風水師，參看一下該女子是否有旺夫相，如果沒有，當然是嫁不進去的。

在二十一世紀的今天，有人可能會認為，這也太迷信了吧？尤其是這種富可敵國的豪門之家，怎麼也會信這個？但是事實上就是如此，以萍雅對他們的瞭解來說，他們就是信也沒辦法。

「唉，都到了二十一世紀，這個社會卻對女人的要求越來越高，不但要獨立能幹還要長相旺夫，怎麼對女人的要求這麼多呢？」想到這，她掏出手機給老公傳了個簡訊：「老公，我有旺夫相嗎？」

過了一會老公回覆了，她打開簡訊一看，上面沒寫字，只打了一個大汗的表情。萍雅看了之後甜甜地笑了。

妳是不是也有過這種感覺，有一個事物在很偶然的情況下出現在妳的生活裡，然後一整天或者接下來的幾天它會反覆出現，不停地加強妳對它的印象，直到它消失為止。這個事物可能只是一個名詞，比如「旺夫相」。

萍雅剛到公司，就聽到櫃檯小姐美美，在和另外一個同事

說：「知道嗎 Emma 要嫁給巨威集團的公子了，太讓人驚訝了，都沒聽說她談戀愛呢！」

對方回答道：「和貴公子談戀愛當然要祕密進行，我早就說啦，Emma 有旺夫相，遲早要嫁給有錢人的，我說的不錯吧！」

「真的假的？妳看的這麼準啊？那快幫我看看？」說完立刻把臉湊近了對方。

「也幫我看看！」從旁邊路過的祕書耳朵拉長著，聽見了她們的談話也湊了過來。

「妳呀，我看應該會嫁給土財主。」

「壞死了！妳！」

她們的正聊得熱火，櫃檯小姐忽然一抬頭看到了站在門口的萍雅，嚇的一吐舌頭點點那兩個人，小聲說：「周副總來了！」兩個人頭都沒敢抬，一溜煙的回到各自的座位上。

萍雅並沒責怪她們，而是直接走進自己的辦公室。她心想：這些小女孩真是太閒了，還研究起旺夫相。其實她也想八卦一下，但是總不能和下屬去討論吧。無奈的她在電腦上打開了搜

老公
跟妳想的不一樣

索引擎，輸入了「旺夫相」三個字，哪知道出來了幾萬條的搜索結果。看來這還是個熱門話題呢！

☺解密頻道

情人眼裡出西施，談戀愛時男人總會對女人千依百順，會想選個美女做女友，但是說到結婚，不論是好男人還是壞男人，都會選擇「旺夫女」做老婆，因為娶到一個能讓家庭和諧的女主人是很難得的。

所謂「旺夫」，女人們別誤會，它並不意味著女人要為男人帶來多少財富，而是這個女人能為男人，帶來和諧生活和內心的安定舒適，這樣男人就可以無後顧之憂的在外打拼，男人越努力女人日子自然過得越好，夫妻關係自然越來越旺。

「旺夫女」素描圖

成功男人背後的「旺夫女」是個聰明絕頂的女人，她懂得什麼時候該輕聲細語的安慰老公，什麼時候要拿起搶桿來捍衛家庭。她出得了廳堂，下得了廚房。她手中握著兩條線，一條繫著他的胃，另一條繫著他的心，鬆緊合適遊刃有餘。

男人遠行，她會默默地為他穿上盔甲，臨別送他一個祝福

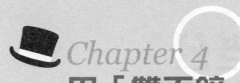

凱旋的香吻。之後，她獨自在家忍受漫漫長夜裡的孤獨，無怨無悔、大愛包容著男人遊子般的心。

「敗夫女」素描圖

「敗夫女」並不是說女人天生惡毒。要成為「敗夫女」其實也不容易，當對夫妻間關係和相處之道拿捏的不準確時，女人就很容易淪為敗夫女。

男人說：相貌並不重要，關鍵是女人的性格！

敗夫女們不懂自己的男人，她們給的往往和男人要的南轅北轍，她們和老公之間存在著很多的溝通障礙，正是這些障礙讓男人痛苦，也成了事業上的羈絆。

一個結婚四年的男人，提起他老婆就一臉無奈的說：「我的老婆沒有一點寬容，管我管的特別嚴，想去哪裡都要提前告知，不然就質問個沒完沒了，讓我感覺結婚好像在坐牢。生活變得很煩很累，現在連應酬都不想去了，每天下班就回家玩電動看電視，老婆對我是安心了，可是我曾經的理想，卻也在這樣的日子裡被抹殺了。」

一位作家曾說過：「好的愛情使世界變得廣闊，壞的愛情

老公
跟妳想的不一樣

使世界愈來愈狹窄。」找了個敗夫女當老婆，男人把這視為最大的痛苦。

成功男人背後的女人，往往都是「旺夫型」的，每個男人都想有一個這樣的老婆，但是「旺夫女」並不多見，所以後天培養尤為重要。

心胸寬廣型旺夫女

這種老婆有著足夠的理性和智慧，她們深刻的明白男人不是管出來的。她們與一般女人最大的區別就是，一般女人如果能夠維持家庭和諧，就已經是很大的作為了，但是這種類型的旺夫女不但能夠做到這些，還能夠開發出丈夫的潛能。有人說女人是男人最好指導老師，指的就是這種女人，她們能夠幫助男人更進一步認識自己。

這種女人的大氣是一般人學不來的，她們不是那種心思細緻如絲的女人，也許她們沒有精緻的女人味吸引人，但是精緻的女人往往經不起婚姻柴米油鹽的洗禮，大氣的女人卻有一種愈久彌新的感覺，總讓人能夠舒服的相處。要想變成這種女人，

146

首先要有開闊的心胸，提高自身的修養，當世界觀有一定的高度後，自然看待很多事都會雲淡風輕了。

善解人意型旺夫女

善解人意的女人，總讓她顯得美不勝收，這種女人最容易俘虜男人的心，娶到這種老婆是男人的福氣，因為他在疲憊的時候，她總能提供給他最溫暖的懷抱。

一位事業有成的先生說，他能創業成功，最大的功勞就是有太太的理解和支持，他認為旺不旺夫不能單從長相說起。最重要的個性要善良溫柔，這樣的女人才能讓男人活得輕鬆。

相依相伴型旺夫女

男人要面對許多社會壓力，有時候他們需要一個可以改變他，為他解壓的人。這種女人大多長相很一般，但是卻讓丈夫有安全感，她們踏實的過日子，孝敬父母、教育孩子，成了丈夫最有力的支柱，有時對「安全感」這方面的需求，男人要的一點都不比女人少。

老公
跟妳想的不一樣

「萍雅，妳是我心裡最可愛的旺夫女。」老公從後面環住萍雅的腰，輕輕地對她說。萍雅望著遠處的霓虹燈甜甜的笑了。

在婚姻的學習中，萍雅覺得自己還是個初學者，做一個「旺夫女」她還差的很遠。那天「旺夫女」的話題引發了她更多的自我反省，她承認自己不是一個好老婆，很多時候她旺自己更多。想通了之後她思想轉變很大，對老公對生活的態度都有所改變。將來她會給丈夫更多的空間，給他更多的支持，更加關注他的內心感受。

最近有一家雜誌採訪萍雅，採訪的內容本來是以商場女性出色的智慧為主，但是談的話題卻漸漸的從工作轉移到家庭上了。最後，萍雅對記者說：「做一個旺夫女並不容易，但是如果從『心』做起，沒有什麼是不可能的！」

4 「老夫老妻」也要製造浪漫

Husband is different from what you think

　　時間會將感情慢慢的磨淡，多年夫妻之間的相處，大多會變成像左手握右手一樣簡單自然，這種親情固然很可貴，但是昔日的激情消逝也會讓人覺得很感傷。

　　下周就是情人節了，但是萍雅還沒想好要怎麼和老公共度這個浪漫的節日，都結婚那麼多年了，這讓她更沒有衝動花心思去安排怎樣給老公驚喜。加上自從她升任副總裁之後工作比以往更忙，公司的大事小事都要她決定，所以一時間還真的沒有時間去思考。等待老公給自己驚喜？不可能吧，萍雅想。

　　晚上幾個姐妹又聚在一起，大家談到了情人節這個話題。

已經離婚的靜芬最近正在被一個中年有為的企業家追求，但是靜芬不太滿意這個男人，說他不懂得什麼叫浪漫，每次約會雖然都帶她去昂貴的餐廳用餐，但是她覺得總是少了一些心理上的感動。

「我和老公約好情人節假期去香港購物，希望人不會太多！怡君，妳情人節怎麼安排啊？這次是哪位幸運兒那麼幸運，可以約到我們的大美女？」苑芳問著怡君。

「唉，《雙失情人節》聽過沒，就是我愛的人不愛我，愛我的人我不愛，真是尷尬啊，碰到誰就誰吧，我是打算過個單身情人節。妳呢？萍雅？有沒有什麼製造浪漫的新點子？」怡君把問題丟到了萍雅身上。

「最近太忙了都沒想過，不過禮物還是要送的，只是我還沒想好要買什麼禮物，所以暫時先打算送手錶給他吧！」萍雅想了想，振凱的手錶確實有些舊了。

「方志成，妳們還記得嗎？」苑芳好像忽然想到了什麼一樣。

「記得，他是我們經濟系的班長！」幾個女人對他記憶很

深刻，當時還在念大學的他就已經是出了名的好男人，雖然長得不帥但卻很懂得哄女孩開心，他曾經追過經濟系的系花李芳琪，而且還殺出重圍抱得美人歸。幾個人對他的近況也挺好奇的追問：「他怎麼了？」

「妳們不知道啊，他外表都沒什麼變化呢，而且還像以前一樣浪漫！記不記得有一次他為了博得李芳琪一笑，在女生宿舍樓下用蠟燭排出了芳琪的名字，還大聲唱歌求愛！」苑芳羨慕地說。

「前陣子我遇見了他們夫妻了，二人看起來真的很年輕，尤其是李芳琪，保養的好好哦，除了神態稍微成熟一點之外，外表和大學時的模樣幾乎沒什麼分別。我想這都是因為方志成的呵護吧！」

萍雅心裡覺得很羨慕，想想自己當年和振凱也有一些很浪漫的美好回憶，但是多年的夫妻生活，卻讓當年的激情已經不再了。多希望振凱也能像方志成一樣，永遠保持著一顆浪漫的心啊，李芳琪一直生活在如戀愛般的婚姻中一定很幸福！

回家後，萍雅問老公：「情人節你打算怎麼過啊？」

「情人節？又快要情人節了？」振凱拍了一下腦袋，好像才想起來有這回事。「我看行事曆一下啊，哎呀，不好意思，親愛的，那天我要出差耶！」振凱翻了翻日曆，抱歉的說。

「那好吧，不過一定要送花給我哦！」萍雅不高興的說。

二月十四日

情人節這天工作還真不少，但是一看下屬們個個春意蕩漾的樣子，萍雅也不好意思要他們加班，畢竟公司也得講究人性化管理，如果弄得員工們個個怨聲載道，這樣對於以後的管理也沒什麼好處。於是下班時間一到，萍雅就放他們下班去了。

若大的辦公室只剩下她和幾個目前還單身同事。她想到振凱今天雖然出差了，但是卻連束花都沒送就很氣，虧自己還叮嚀他一定要送呢！

正鬱悶著，收到了振凱的簡訊：「親愛的，情人節快樂！」她一看更生氣了，就這麼簡單啊，真過分！這時手機再度響了一下，又是振凱傳來的簡訊，上頭寫著「從大樓 B 側出口出來，上一輛紅色轎車，有驚喜等著妳！」

看完，萍雅的心突然狂跳起來，「這傢伙在玩什麼鬼把

戲？」

　　按照指引她來到了樓下，門口停著一輛紅色轎車，這時車上下來一個穿著制服的男子，男子一見到她就說：「是周小姐嗎？江先生叫我來接您，請上車吧！」

　　「振凱？他不是出差了嗎？」這人不是壞人吧？

　　萍雅正覺得疑惑，而司機好像早就料到萍雅會有這種反應，趕緊遞來一個紙條。萍雅看後就乖乖的上了車。原來紙條上寫著：「一葉浮萍入江懷。」這是萍雅和振凱上大學時經常用的暗語，只有他們兩個人知道。現在萍雅的心，完全被好奇心佔據了，她想看看老公到底在玩什麼把戲。

　　上了車，她發現這個車很奇怪，從車裡竟然是看不到外面的，她只知道車開了好遠，但是卻不知道究竟開往哪裡？車裡放著「yesterday oncemore」這首曲子，那是她最喜歡的英文歌，聽著這首歌她又想起了很多曾經美好的時光，她和振凱的相遇、相知、相愛，一幕幕的都在眼前浮現，「真想回去一趟學校啊」她想，因為那裡有他們最美好的時光。

　　就這樣胡思亂想時車停了，司機走下車去，卻把她一個人

留在了車上，等了一會門打開了，外面站著的卻是振凱。他很紳士的為萍雅開門，手裡還拿著一大束的玫瑰花。而振凱身後的背景，正是她剛剛還想去的學校。萍雅此時已經熱淚盈眶，她徹底被振凱的用心安排感動了。

　　這天，他們好像又回到了十年前，兩個人手牽著手在校園裡漫步，根本不管那些年輕人投來的詫異目光，此時此刻他們眼中只有彼此，只有激情、只有浪漫……

☺解密頻道

　　當婚姻變成柴米油鹽醬醋茶，這時還有人會用心去經營浪漫嗎？尤其是男人們，更覺得沒有必要，他們會把更多的時間花在事業工作上，很少去考慮女人對浪漫的要求。

　　浪漫不分年齡，尤其是對女人來說，通常對浪漫都是有執著的渴望的。愛情可以讓女人青春永駐，而愛人帶來的浪漫，無疑就是最好的滋養品。

　　一位婚姻專家分析說「婚姻的維持，並不只在於兩個人相敬如賓和溫馨的氛圍，婚姻會形成如同親人一樣的關係，但是彼此的愛情成份也不能忘。

　　如果愛情慢慢變淡，不滿足於失去愛情的一方遲早會遭遇外遇，而這會對家庭形成很大的危害。」因此不論何時，都不要忘記幫生活添加小情趣、小浪漫。那麼夫妻間應該如何製造浪漫呢？

妙招指點

體驗「私奔」的樂趣。

　　浪漫往往和神祕感相伴，給對方帶來意想不到的喜悅並滿足他的浪漫憧憬，往往能夠讓平淡的婚姻重新恢復顏色。曾經有一位三十多歲的家庭主婦，每日操持家務，生活中已經談不上有什麼激情可言了。一次，她和丈夫突發奇想決定放棄家庭生活私奔兩天，而他們也真的把這個瘋狂想法付諸行動了。

　　私奔的兩天裡，他們度過了結婚以來最快樂的時光，雖然回來時覺得有些對不起孩子，但是他們的婚姻卻更加堅固了。為了讓曾經的激情不致消失殆盡，夫妻倆應該偶爾去一起度假，才能共同創造幸福生活。

XOXO

5 是妻子，也要是「紅顏知己」

Husband is different from what you think

　　明麗和振凱是多年好友，在和萍雅交往前，振凱和明麗經常一起上補習班、吃飯、打球，那時很多朋友都認為他們是一對的，但是不知道什麼原因，他們始終沒有在一起。萍雅和振凱在一起後也見過明麗，三個人還一起過吃飯。

　　明麗長的並不漂亮，但卻是個聰明靈秀的女孩，而且彷彿有著一種洞察人心的能力，她總是微笑著，散發著置身事外的飄然之感。這讓萍雅有點嫉妒，她覺得自己和明麗比起來確實要俗一點。她曾經問過振凱：為什麼沒和明麗在一起？振凱回答說：「有的人適合做朋友，就像明麗那種，有的人適合做老婆，

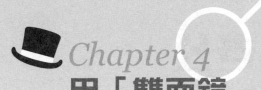
就像妳！」萍雅一聽紅了臉，覺得自己太小氣了，不該問這種問題。

　　大學畢業後，明麗去了法國，那是個和她氣質很契合的城市，振凱和她的聯繫也就自然少了。偶爾萍雅也會看到老公和明麗在網上聊天，但因為是自己也認識的朋友，如果生氣會顯得小家子氣。

　　這天，振凱上網時的表情顯得很興奮，萍雅問他：「有什麼高興事啊，看你興奮的？」振凱頭也沒抬的繼續聊天，只說道：「明麗要從法國回來了！」萍雅的心揪緊了一下，看著老公高興的樣子，讓她心裡覺得很不舒服。

　　「這次要待多久？還是不回法國去了？」萍雅試探性的問道。

　　「還不一定，我是希望她這次能夠住的久一點，好久沒見面了，有好多話想聊呢！」振凱也許是沒有思考就把心裡的話說了出來，但是這話卻讓萍雅聽了很不舒服，萍雅想：我天天在你身邊，怎麼沒聽你說過有很多話想對我說呢？想到這裡，就有股怒氣上升。這天晚上萍雅一直沒給振凱好臉色看，但也

許是因為很高興明麗將要從法國回來了吧，所以振凱根本沒有注意萍雅的反常表現。

原來這次明麗回國是為了主持公司的年度會議，回國第一天，振凱帶著萍雅去接她，三個人一起吃了頓飯。看得出來振凱非常高興，聊天時經常忘了萍雅的存在，明麗本人倒是表現的很大方，還時常拉萍雅參與到話題來，怕他們 舊而冷落到她。面對一個這樣識大體的女子，萍雅實在是無話可說，紅顏知己嘛，妳能耐她如何？

明麗逗留的這幾日，振凱表現的十分殷勤，幾乎天天帶著明麗到處逛，有時候萍雅不放心也跟著去，但卻總像個多餘的累贅似的在一旁不知道做什麼才好，後來明麗回法國了，振凱也因此情緒低潮了好幾天。萍雅看在眼裡，但因為修養良好，仔細想想也不方便發火。

「是不是男人都需要一個紅顏知己呢？也許老公有些話還不想對我講吧，這也說明了我沒有更深入的去瞭解他，也許我應該成為他的紅顏知己」萍雅想。

Chapter 4
用「雙面鏡」照照自己

　　對丈夫的紅顏知己，妻子總是敏感的，女人的佔有慾有時候比男人還要強。那個叫做紅顏知己的女人，雖然和丈夫並無什麼實際的瓜葛，但是他們精神上的交流，卻足夠讓一個妻子妒火中燒，她們不明白為什麼已經有了老婆了男人卻還是嫌不夠？紅顏知己通常是這種類型的女人，她們往往是獨立的、有思想的，是能與男人有著心靈共鳴的女人，這樣的女子本來就不多，如果能成為一個分寸拿捏得宜的紅顏知己，就更加不容易了。

　　男人跟男人之間，有時候需要逞強裝面子，如果自己能擁有幾個紅顏知己就更能讓他們覺得驕傲。而紅顏知己通常都是溫柔善解人意、有智慧的，她們善於傾聽男人的愁苦煩悶，在適當的時候，甚至能運用自己的智慧，幫助男人走出困境賦予男人力量。當人們經歷過愛情的短暫後，這種天長地久的友情，就令彼此更加珍惜。古亦有云：「人生得一知己，死而無憾。」正因為知己如此可貴，所以女人一定要做老公的知己！

　　女人的容貌會隨著時間消逝，當妳美貌不再，只靠著單純

的責任感維持婚姻，能夠幸福嗎？所以要想婚姻幸福長久，妳就一定要抓住他的心，知己難求，妳就要成為他的知己。

男人都想要有個紅顏知己，但是紅顏知己是可遇而不可求的。假如老婆不能成為男人的知己，那麼老公如果後來遇到一個能夠理解他、支持他，且在精神層面能幫助他的女子，萬一這個男人對家庭的責任感不強的話就很容易出軌。

對於那些已經是老公紅顏知己的人，老婆就無須多說了。但是如果妳和老公的交流並不順暢，那麼一定要想辦法走進老公的內心世界。要做到這點，首先就是要先了解他，了解他的工作，了解他的想法，了解他的愛好和追求，並且要設身處地的為他設想。

妙招指點

如何做老公的紅顏知己

♣ 要學會溫柔

太強勢的女人會造成男人的心理壓力。適當的時候，女人可以撒嬌讓老公遷就妳，在家裡女人不要表現的太強悍，有些能做的事情也要撒嬌請老公幫著妳做，記住「會也要說不會」，

這樣能滿足他的虛榮心。

　♣學會做老公精神上的保暖器

　　學會傾聽，並為老公解除壓力，當他遇到壓力時幫他釋放出來。想要成為老公的紅顏知己，一定要保持自己的獨立性，不能太依賴男人。有些女人婚後就把老公當太陽圍著，這種做法是很不可取的。

　　要當紅顏知己還要有一顆淡然的心，不能強迫丈夫去做這做那，學會享受平淡的樂趣，這樣他才會覺得輕鬆，很多事才會和妳說。

XOXO

6 做妻子，更要保持美麗

Husband is different from what you think

　　萍雅的長相並不是那種讓人第一次見面，就會眼睛為之一亮的女人，是屬於比較耐看的那種，只因為現在身處高位再加上職業女性的氣質，所以才算是個職場美女。

　　年輕的時候她不懂保養，仗著青春無敵，就算不化妝臉色也健康紅潤。但是這幾年巨大的工作壓力，連續的加班、熬夜，她感到自己的皮膚狀態已經大不如前了，看著鏡子的她意識到，總有一天外表會無法抗拒地心引力，和時光流逝的雙重打擊而老化，雖然這些是無法抗拒的，但是她還是想要延緩這一天的到來。

　　在上網找美容保養資料時，萍雅發現了很多新聞，內容多是探討男女衰老速度的文章，上面說「男人四十一朵花，女人四十豆腐渣」，這些話讓萍雅不寒而慄，偷偷看著振凱，老公雖然年過三十卻反而顯得年輕氣盛，愈發的成熟有魅力了，而自己……

　　浪漫的夜晚，萍雅和振凱的興致正濃，萍雅預感這將會是個激情的夜晚，想著想著她的臉不自覺紅了。

　　「怎麼了？」振凱發現了她的異狀，關切的問。

　　「沒什麼，在想今晚怎麼教訓你！」

　　「妳教訓我還是我教訓妳啊！」說著振凱吻上了萍雅的唇，二人翻倒在沙發上。

　　「哎呀，什麼東西磨到我了！好痛」振凱叫道，原來萍雅最近腳比較乾，乾裂的腳皮劃到了振凱，這時二人頓時性趣大減。

　　「我去洗澡了！」萍雅有些不滿的進了浴室。看著鏡子裡的自己，感覺確實跟以前有些變化，胸部有點下垂，腰部的肉也多了一圈，這樣的她吸引力當然敵不過二十出頭的小妹妹啊。

老公
跟妳想的不一樣

「不行，明天一定要抽時間做全身美容！」萍雅對自己說。

「喂，怡君我問妳，哪裡的美容做的比較好，我明天要抽空去做一下護膚…感覺最近蒼老了不少！」一群姐妹裡怡君是最熱衷於減肥的，所以萍雅當然要問她。

「大小姐，妳終於開竅了啊！去安怡軒吧，那個地方很不錯服務很好，地址在……」

「安怡軒」是一家很有名的美容護膚坊，但因為收費昂貴，所以基本上只有一些富婆們才能消費的起。萍雅早就聽過這家店的名氣，但是一來因為沒時間，二來是覺得太貴，所以一直沒去過。而這次她狠下心決定去體驗一下，畢竟青春無價嘛。

這家店開在郊區有名的風景名勝地，來到這裡置身於青山綠水之中，身心有一種輕鬆舒暢的感覺。安怡軒是古式裝潢，工作人員個個都身著旗袍，身材凹凸有致好不養眼，連女人看了都會流口水。

接待萍雅的是一位美女，看起來很年輕，問了她的需要後，就向她推薦中式的全身按摩，萍雅馬上就答應了。按摩室裡琴瑟聲環繞，環境優美，是個讓人身心放鬆的地方。萍雅曾經也

做過幾次按摩，但是這一次的體驗卻很不同，她覺得自己彷彿進入了一個如夢似幻的境界。

「這裡是哪裡？有人嗎？」這個地方讓萍雅聯想到賈寶玉睡夢時所進入的太虛幻境，她覺得自己神智清楚，也知道自己前一刻還躺在按摩床上，但是卻有一種夢幻的感覺…

「周小姐，我在這裡！」剛剛的接待小姐從霧中緩緩走來。

「這是怎麼回事？是夢嗎？」

「這裡是我們的安怡之境，也是按摩專案的特別服務，在這裡您可以學到一些美容心得和方法。這裡最特殊是在於，您醒來後會不記得曾來到過這裡，但是在這裡所學到的美容觀念和生活態度，卻會根植於妳今後的生活影響妳的態度，使妳在潛移默化中學會保持美麗，善待自己。」小姐笑著跟萍雅介紹。

女人三十，美容五式

飲食篇

1、新鮮的水果和蔬菜，富含維生素和多種的的微量元素。維他命 C 可以幫助美白，維他命 E 可以幫助抗老化，減少臉上斑點和皺紋的形成。

老公
跟妳想的不一樣

2、有人覺得更年期再開始補充鈣質也來的及，這種想法是大錯特錯的，三十過後就要注重鈣質的補充，這樣不但可以增強體力，還能夠延緩衰老。

3、每天八杯水。水這個看似普通的東西，卻是美容的法寶，如果皮膚缺水就很容易引起老化乾裂，形成細紋。

運動篇

女人三十歲後新陳代謝減緩，身體就很容易發福。為了讓身材保持苗條，就要多運動。

1、每天步行一小時或運動三十分鐘，每週至少可多消耗3500卡的熱量。

2、不要久坐，辦公室通常一坐就是一整天，很容易坐出大屁股，每隔一段時間出去走走，或者站起來活動一下，這些都有助於脂肪的消耗。

3、做增強體力和身體柔韌性的運動，如練拉力器、瑜珈，這些訓練能保持骨質密度，防止骨骼老化。

睡眠篇

睡覺是最好的美容方法，人說睡美人、睡美人嘛，美人都

是靠睡出來的，但是睡覺一定要強調的就是睡眠品質。

1、睡眠時間上，女人要睡滿八小時。

2、幾點睡覺才合適？有些上班族因為工作壓力大，經常要加班、熬夜，這些習慣都會對皮膚造成很大的傷害，晚上十一點到凌晨一點是皮膚休息的時間，這段時間最好能夠入睡，才能保證皮膚的休息和營養成分的吸收。

排毒篇

1、睡覺前，做深呼吸的運動，可以幫助排除體內垃圾。

2、自由基是對美容最大危害的體內垃圾，多吃含抗氧化劑的食物有助於排除體內的自由基。

心態篇

1、心態樂觀，可以調動體內的激素，延緩衰老。

2、自信的女人最美麗。女人能做到自信往往是因為她們獨立，她們對待事物有自己獨到的見解，這樣的女人被智慧之光環繞著，能不美麗嗎？

小叮嚀：抗衰老食譜

魚肉：魚肉可為女性提供大量的優質蛋白質，並且消化吸

收率極高。同時，魚肉中的膽固醇含量較低，在攝入優質蛋白的同時，不會帶入過多的膽固醇。

花椰菜：屬十字花科蔬菜，其富含抗氧化物維生素 C 及胡蘿蔔素。十字花科的蔬菜已被科學研究證實是最好的抗衰老和抗癌食物。

洋蔥：可清血，並有助於降低膽固醇。適當攝入洋蔥等降脂食物，是預防高脂血症的有效方法。

豆腐：豆類食品含有一種被稱為「異黃酮」的化學物質，是一種有效的抗氧化劑。對職業婦女而言，選擇豆類製品有助於增強體內的抗衰老能力。

高麗菜：十字花科的蔬菜，其維生素 C 含量很豐富，多食能促進腸胃蠕動讓消化系統保持年輕活力，並且幫助身體排毒。

新鮮蔬果：新鮮蔬果中含豐富的胡蘿蔔素、維生素 C 和維生素 E。胡蘿蔔素是抗衰老的最佳元素。

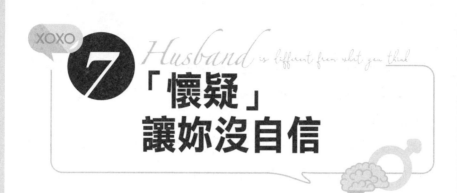

XOXO

7

Husband is different from what you think

「懷疑」
讓妳沒自信

　　人們常說男人的佔有慾強，其實這點女人也毫不遜色。如果女人愛一個男人太深，就容易變得瘋狂，其中最難控制的就是「懷疑」自己的愛人。萍雅認為，這是每個陷入愛情中的女人必經的階段。

　　文娟是萍雅多年的老下屬，幾年前，從萍雅剛到這家公司作了財務主管開始文娟就跟著她，如今萍雅自己已經升職為副總，文娟也變成了財務主管。多年來，文娟一直是萍雅得力的助手，公事上對萍雅極盡忠心，私底下她更是崇拜萍雅，視萍雅為榜樣。

老公

跟妳想的不一樣

　　由於相識多年，她們之間的關係已經從上下屬變成了朋友，萍雅年長一點，所以每次文娟需要幫助時萍雅都毫無怨言的幫助她。

　　文娟說：「周姐，妳真的是我最佩服的人。為什麼妳能事業如此成功，家庭又那麼和諧美滿呢？我覺得自己總是協調不好這兩者之間的關係。」

　　最近文娟正和她老公鬧的不可開交，萍雅聽說是因為文娟的疑心病太重，把他老公逼的直跳腳，甚至吵著要離婚。萍雅知道文娟十分愛她的老公，為這事一定十分困擾，這種情緒甚至影響到了她的工作，就連最熟練的帳目也會做錯。為了不傷害文娟的信心，萍雅以朋友的身分找文娟出來聊聊，希望能夠幫助她解開心結。

　　「最近怎麼了？是不是遇到什麼事了？」為了快速切入主題，萍雅只好明知故問。

　　「周姐，妳應該都聽說了吧。我和我老公鬧了彆扭，對不起，我把私人情緒帶到工作上了！我也不知道自己是怎麼了，現在變得的特別不相信他，總是一直懷疑他在外面有別的女人。

有時候我也覺得自己是在無理取鬧，但是就是克制不住自己胡思亂想。現在我老公已經不理我了，跟我說要麼改掉疑神疑鬼的毛病，不然就離婚……讓我好痛苦。」這些事壓在她心頭多日了，早就想找個人傾訴。

「原來是這樣，妳別難過，其實妳這種情況我也曾經歷過。」萍雅安慰道，她說的是事實，這幾年的婚姻她和振凱也經歷很多，夫妻間的相處也不是一路風平浪靜的。

「妳也經歷過！真的嗎？妳會像我一樣嗎？」文娟不敢置信的看著萍雅，在她的印象裡，萍雅永遠能夠處理好任何問題，不會犯常人所犯的錯誤。

「是啊！」萍雅點點頭，她和老公結婚的頭兩年確實發生過類似的事情，那時候老公正進入新公司工作非常忙，對萍雅的態度也從熱戀時的如膠似漆，到後來冷淡了不少，碰巧萍雅那時事業也遇到了瓶頸，心煩意亂的就開始胡思亂想，總覺得老公不愛她了，每天總是伺機的盯著老公，活生生像個偵探。萍雅想起了那段時間的自己，不禁啞然失笑。

「當時就是這樣子的。」萍雅喝了口茶，從容的向文娟講

老公
跟妳想的不一樣

述著。

「和我的情況好像啊，我現在就是這樣的心情，總是無端懷疑而且還控制不住自己的想法。」文娟點頭道，「那妳最後是怎麼處理的呢？」

「這個說起來就更逗了，還要感謝我老公的一封信！」萍雅神祕一笑。

☺解密頻道

六年前的某一天……

這天微風拂面、陽光和煦，是個令人心情愉快的好天氣，照理說經過這樣美好一天的人，晚上應該心情不錯，很多人都早早休息了，但是萍雅卻是個例外。晚上十點半，她還在等丈夫回家。

開門聲一響，萍雅立刻機警的爬了起來，去迎接老公。

「今天加班累嗎？」萍雅看似關心的問道，其實是想試探的問出老公的去處，老公疲憊的點點頭，脫了上衣去洗澡。

萍雅在客廳裡，把老公的衣服翻來翻去的看了一遍，又拿到鼻子前嗅嗅，試圖搜索出一點其他女人的痕跡跟味道，很幸

運，並沒發現什麼異樣。之後她又去翻口袋，手碰到了一張紙抽出一看，竟然是一封信，上面是老公的筆跡，她整個人立刻緊張起來，難道是一封情書？

親愛的「福爾摩斯大偵探」：

知道妳一定會翻我的口袋找出這封信，別急著生氣，老婆大人！它不是要給某個妳假想中的美女，而是要給妳的，我親愛的老婆！

老婆，我們相愛四年，結婚一年，一向是甜甜蜜蜜、恩恩愛愛，可是最近妳越來越不對勁，每天都要像偵探一樣對我進行盤查。我不知道這是為什麼？我自問沒有做什麼虧欠妳的事情，也不可能去外面尋花問柳。也許是由於我最近工作比較忙，讓妳覺得冷淡了吧，如果是這樣，那麼我向妳道歉。

老婆，有人說家庭是人生中最安心的港灣，累了的時候就可以停泊，我也認為是這樣。可是現在，我真的有些害怕回家，有時我甚至會想，是不是妳真的找到什麼就會高興了？我累了，老婆，咱們不要再玩這個偵探遊戲了好嗎？

「當時我看到老公這封信時，才意識到我的表現有多麼可

老公
跟妳想的不一樣

怕，反省之後我開始改變自己的行為。」萍雅回憶道。

「後來呢？妳怎麼改掉愛懷疑的習慣？」

「我花了一段時間終於想明白了，我之所以喜歡懷疑他，是因為自己本身缺乏安全感，我總是擔心他會離我而去。再想一想後，也覺得是我太依賴他了，期望能從他那裡獲得安全感，但是事實上並不是這樣的。安全感必須要自己給自己，只有當我有自信了，才能擺脫這個枷鎖，我相信妳也是！」

☞妙招指點

女人要有責任感

有些女人，認為責任感是男人的事與自己無關，這樣想的女人大多數都很依賴男人，而她們一旦失去了依靠，就會使自己陷入十分無助的境界，不論是心理還是生活上都是如此。

女人要有新熱情

把自己變成黃臉婆的感覺不好吧？女人們不要以為妳守著一成不變的生活，老公就會感激妳，這樣只會讓他喪失新鮮感。而在日積月累的重複生活中，妳的世界會變的越來越狹隘，有一天，如果很不幸的失去這個世界，妳會感到一無所有。適時

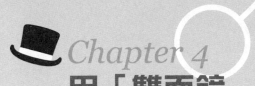

的把頭探出窗外瞧一瞧，例如可以拓展自己的興趣，多和女性朋友出去約會，都會讓妳的生活豐富許多，一個對生活充滿熱情的女人，是有自信也是最美的的。

女人要有自信心

努力為自己贏得成功，不管它有多小。人的自信是靠成功建立起來的，女人自然也不例外。現今社會，女人再也不是男人的依附品，職場中男人能做到的，女人一樣可以做到，能力的提升自然會讓妳流露出自信心。

老公不一樣
跟妳想的樣

Chapter 5

制服老公
的決勝妙招

收服老公，女人不必練就一身
「蓋世武功」。只要掌握幾個小
祕訣，就能保證老公帶著一顆真
心乖乖投降。

1 二人世界，
可以適可而止

XOXO

Husband is different from what you think

　　萍雅和振凱是朋友們眼中標準的「頂客族」。

　　所謂「頂客族」就是夫妻兩人都有工作收入，卻不想生孩子的家庭。「頂客族」們不是不能生小孩，而是不願生。他們認為「二人世界」是很完美的生活狀態，孩子的誕生會大大降低他們的生活品質。

　　朋友中「頂客族」們不少，萍雅和振凱不算是特例，所以也覺得這樣沒什麼大不了，結婚七年，兩個人各忙各的事業，生孩子這事也從來沒想過。

　　可是也許是隨著年齡的增加思想的轉變，萍雅今年想生個

孩子的念頭，最近常不時的從腦子裡跳出來，而且這種想法一天比一天來的強烈。在和老公商量之前，萍雅認為自己應該先想好，於是她決定打電話給自己那些已經有了寶寶的朋友瞭解一下。

小美是萍雅的高中同學，大學畢業後就結婚生子，現在已經是兩個孩子的媽了，要說育兒經驗應該沒人比她更豐富了吧。

「喂，小美，我是萍雅，近來好嗎？」對於職業婦女來說，生活是忙碌的，萍雅已經很久沒和小美聯絡了。

「萍雅？好久不見了，我差點認不出妳的聲音了！還好啦，只是每天帶小孩好忙。大的剛上幼稚園，小的還要照顧，累啊！」小美邊說著，那邊傳來了嬰兒的啼哭聲。「待會我再打給妳啊，孩子又哭了！」小美還沒等萍雅說話就把電話掛了。

過了幾天，萍雅來到小美家拜訪，見到了小美一歲多的兒子，這小傢伙真的非常調皮，一刻都安靜不下來，但是卻十分可愛，可愛的動作把萍雅逗笑得合不攏嘴。萍雅發現這個淘氣的小東西，讓妳想不疼他都難。

「有了寶寶之後，妳後不後悔啊？」萍雅問小美。

　　「怎麼會後悔，我喜歡他們都來不及呢，要不我怎麼會生兩個呢？雖然有時候也很煩，但還是覺得幸福的感覺比較多！」小美笑著說。

　　回家後，萍雅腦海中一直浮現著小美和寶寶幸福的笑容。她想，是時候生個寶寶了，自己該鄭重的和老公討論一下這個問題。

　　萍雅和振凱一直沒想要生孩子的主要原因，是萍雅擔心影響事業，再者兩個人也不想打破現在二人世界的氛圍，但是隨著年歲的增長，兩個人心裡都希望家裡能夠多個新成員，活躍一下氣氛。夫妻結婚久了，生活難免陷入平淡，如果多個新生命，也許能給生活增添許多樂趣也說不定。因此萍雅一說，振凱也很贊同。

　　經過一年的努力，萍雅和振凱的兒子江文傑來到了世上。

　　作為一個在末尾故事才出現的人物，江文傑的戲份雖然不多，但是他在兩位主角的心裡，卻有著十分重要的地位，這種地位是無法描寫於筆墨的。

　　自從有了兒子，萍雅便很少加班，每天一下班就回家陪兒

子，雖然家裡有保姆照顧，但是萍雅也沒因此放鬆，只要有時間她一定親力親為照顧寶貝。

振凱的表現也不錯，雖然一開始他還有點不能接受自己一下子做了爸爸的事實，抱著兒子時總是誠惶誠恐，但是後來看著那與自己如出一轍的笑容，振凱漸漸的接受了這個事實。漸漸習慣了每天晚上，一邊推著兒子的推車，一邊牽著老婆散步的日子。

結婚七年後，萍雅和振凱徹底的放棄當頂客一族

┅【生活寶典】生寶寶的好處 ┅

1、性福更多。避孕是件麻煩事，懷孕期間不用再為避孕而傷腦筋，這期間身體還會分泌一種孕激素，讓女人容光煥發，更富有魅力。懷孕期中女性的感官會比一般時候更加敏感，因此這個時候女性更容易達到高潮。

2、健康習慣更良好。很多女人懷孕前的生活習慣並不健康，如抽菸、酗酒等，但是為了這個新生命的到來，通常媽媽們都會對生活做出積極地調整，很多喜愛抽菸的女性，就是這樣把菸戒掉的。

3、向經痛說再見。經痛是身為女人的痛苦之一，每個月一次的疼痛如何才能擺脫呢？很多人發現在生育之後，這種疼痛就神奇般的消失了。這是因為生孩子，消除了子宮中某些前列腺素的受體點造成。

4、免疫力增加。有些女性認為生育後，容易導致婦女病的增加，這種觀點大錯特錯。相反的，科學文獻研究表示，女性一生中如果有一次完整的孕育過程，就能增加十年的免疫力。

5、罹患癌症率降低。懷孕讓女性體內產生一種抵抗卵巢癌的抗體，它能有效地阻止卵巢癌的發生。懷孕的次數越多、初次懷孕的時間越早，效果越顯著。有些調查還發現，母乳哺養超過三個月以上，同樣會降低某些癌症的發生機率。

6、延緩更年期。女人的衰老程度是受到雌激素的影響，雌激素可以讓女人的體態具備成熟美，老年後，體態發生了很大變化，很多人誤以為是生過孩子造成的，這種觀點也是錯誤。相反的，雌激素的形成，還會延緩更年期的到來。

　　7、心理成熟。俗話說，母親是世界上最美的女人。生過寶寶的女人，在心理上也更趨於成熟，在養育兒女的過程中，女人會對生命有更多的領悟和體會，這樣的女人往往更加體貼溫柔。

　　8、生過孩子的女人氣色更好。生過孩子會使女人提早衰老，這是沒有根據的論點。如果有人的情況是如此，那麼一定是因為在生育之後，沒有得到及時妥善的保養，一些保養好的媽媽，反而是生完寶寶之後更加有神采。從精神上來說，是因為幸福感增強了。從生理上來看，是內分泌得到了調節，所以看起來更年輕。

XOXO

2 征服男人，要先征服他的胃

Husband is different from what you think

　　去年，萍雅的公司在東南亞的盈利超過十幾億，飛速躋身業界龍頭之一，身為副總裁的萍雅，也因為是第一位女性副總裁的緣故備受關注，近日頻頻接到媒體採訪的邀請函，要請她到節目中做嘉賓，談一談個人成功故事。

　　萍雅不是個喜歡嘩眾取寵的人，但是為了能夠提升公司的媒體曝光率，「犧牲」一下還是必要的，無奈的她只好選擇了一家知名頻道的經濟人物訪談節目。

　　這個當紅節目的女主持人叫做蘇菲，非常漂亮，笑容親切，目光含笑很有觀眾緣。平時主持風格多變，幽默中不乏犀利，

眼見獨特又有深度，是該頻道的當家花旦主持。

　　採訪前蘇菲和萍雅約見，雙方大有相見恨晚之感，聊著聊著就由工作上聊到了各自的生活。可能因為是公眾人物的原因，蘇菲保養得十分成功，再加上妝畫的恰到好處，根本看不出她的真實年齡，當蘇菲告訴萍雅她其實已經三十四歲時，萍雅著實吃了一驚。

　　「實在是不像啊！」萍雅不敢置信的說，「可是我聽說妳還是單身啊？」雖然知道窺探對方的隱私並不好，但萍雅還是忍不住好奇的問。

　　「是啊。」蘇菲嘆了口氣，「一來是我工作太忙沒時間找男朋友，不然就是我和每個男人的關係都相處的不盡人意，他們總說我都是事業擺第一，所以不適合娶回家做老婆，我也很鬱悶啊。」蘇菲聳聳肩苦笑了一下。

　　「不會吧，妳可是最紅的美女主持人啊！」

　　「是啊，但是就沒人要嘛！」

　　「對了，不說這些了，真是的！差點忘了正事！我今天來跟妳談的主要目的，是要確定節目裡的嘉賓才藝表演，妳準備

表演什麼？」蘇菲今天來找萍雅就是為了這件事，但是兩人聊的太高興，她竟然都忘了。

「才藝？」萍雅皺了皺眉，真想不出自己能夠在節目上表演什麼才藝。跳舞？好多年沒跳了，只會出醜。唱歌？五音不全，會把電視機前的觀眾嚇的轉台吧。

「做菜，妳看怎麼樣？」萍雅靈光一閃，說起做菜，雖然她並不常做，但還是有幾手絕活的。

「這個提議不錯！因為妳是女強人嘛，節目的主軸部分，可以突顯妳的領導管理能力，插曲部分又顯現出妳女人味的一面，一舉兩得，太好了！」蘇菲拍手稱道。

錄製插曲節目這天，萍雅是一身主婦裝扮，她先做了一份「三杯雞」，又做了一個糖醋黃魚，令一旁的蘇菲佩服不已。

「選這兩道菜，有什麼特別的用意嗎？」在萍雅講完烹飪重點後，蘇菲提出早已準備好的問題。

「這兩道菜是我和丈夫的定情菜。」萍雅面帶驕傲的說。

沒錯，萍雅和振凱的相愛，萍雅的廚藝確實功不可沒，萍雅的父親是一位廚師，她從小耳濡目染，再加上冰雪聰明一看

就懂，所以雖然沒經過特別的廚藝培養，但還是做得一手好菜。大學時，有一次振凱邀請要好的同學參加一個聚會，當時萍雅和振凱還只是朋友也過來幫忙，其中有幾道菜就是萍雅燒的。後來聽振凱說，他當時看到在廚房忙碌的萍雅，覺得她的樣子美極了，嚐了她的廚藝，當那口糖醋黃魚滑進胃裡的那一刻，振凱說他就認定要娶萍雅做老婆。

「現在妳工作這麼忙，還會下廚嗎？」蘇菲好奇的問，這也是她自己很想知道的問題。

「會！張愛玲不是曾說過：女人要拴住男人，就要先征服他的胃嗎？每次我覺得老公要跑了，就會給他做幾道好菜，再把他拉回來！」萍雅開玩笑的說，逗得全場哈哈大笑。

節目播出之後收視率非常好，公司和萍雅個人的形象也都得到了提升。萍雅個人覺得，這次錄節目最大的收穫，是認識了蘇菲這樣一個性格直爽的好朋友。後來蘇菲經常來萍雅家和她學做菜。有一段時間聽說蘇菲談戀愛了，沒多久就爆出了婚訊，蘇菲偷偷的和萍雅說：「多虧了妳啊，師傅，我拴住了他的胃！」

老公
跟妳想的不一樣

準備篇：做飯須知

1、羊肉去膻味：將蘿蔔塊和羊肉一起下鍋，半小時後取出蘿蔔塊；放幾塊桔子皮更佳；每公斤羊肉放綠豆5克，煮沸10分鐘後，將水和綠豆一起倒出；放半包山楂片；將帶殼的核桃兩三個洗淨打孔放入；1公斤羊肉加咖哩粉10克；1公斤羊肉加剖開的甘蔗200克；1公斤水燒開，加羊肉1公斤、醋50克，煮沸後撈出，再重新加水加調料。

2、燉牛肉：為了使牛肉燉得快，肉質燉得爛，加一小撮茶葉（約為泡一壺茶的量，用紗布包好）同煮，肉很快就爛且味道鮮美。

3、大骨熬湯時加一小匙醋，可使骨頭中的磷、鈣溶解於湯中，並可保存湯中的維生素。煮牛肉或其它較韌或硬的肉類時，也加點醋一起煮可讓肉質軟化。

4、煮肉湯或排骨湯時，放入幾塊新鮮桔皮，不僅味道鮮美，還可減少油膩感。

5、煮鹹肉：用十幾個鑽有許多小孔的核桃同煮，可消除臭味

6、先將綠豆在鍋中炒十分鐘再煮，能較快煮熟，但注意不要炒焦。

7、煮蛋時水裡加醋可防蛋殼裂開，事先可在水中加點鹽。

8、煮海帶時加幾滴醋易爛；放幾棵菠菜也行。

9、煮火腿之前，將火腿皮上塗些白糖，味道更鮮美。

10、煮水餃時，在水裡放一顆蔥或在水開後加點鹽，再放餃子，能讓餃子味道鮮美且餃子皮不粘黏；在和麵時，每500公克麵粉加入一顆雞蛋攪拌，餃子皮亦不容易粘黏另外在鍋中加少許食鹽，能讓水餃煮沸時水不外溢。

11、煮麵條時加一小湯匙食油，麵條不會沾黏，並可防止麵湯起泡沫、溢出鍋外。

12、煮麵條時，在鍋中加少許食鹽，煮出的麵條不易爛糊。

13、用開水煮新筍容易熟，且鬆脆可口；要使筍煮後不縮小，可加幾片薄荷葉或鹽。

14、豬肚煮熟後，切成長塊，放在碗內加一些鮮湯再蒸一會兒，豬肚厚度會增加一倍。

15、煮豬肝時，千萬不能先放鹽，等煮熟後吃時再放鹽，

否則豬肚會縮得像牛筋一樣硬。

16、燉肉時，在鍋裡加上幾塊桔皮，可除異味和油膩並增加湯的鮮味。

17、燉雞：洗淨切塊，倒入熱油鍋內翻炒，待水分炒乾時，倒入適量香醋，再迅速翻炒，至雞塊發出劈哩啪啦的爆響聲時，立即加熱水（水量要淹蓋過雞塊），再用旺火燒十分鐘，即可放入調料，移小火上再燉二十分鐘，淋上香油即可起鍋；應在湯燉好後，溫度降至八十～九十度時或食用前加鹽。因為雞肉中含水分較高，燉雞先加鹽，雞肉在鹽水中浸泡，組織細胞內水分向外滲透，蛋白質產生凝固作用使雞肉明顯收縮變緊，影響營養向湯內溶解，且煮熟後的雞肉會變的硬、老，口感粗糙。

18、燉老雞：在鍋內加二、三十顆黃豆同燉，熟得快且味道鮮；或在殺雞之前，先灌給雞一湯匙食用醋，然後再殺，用文火煮燉，就會煮得爛熟；或放 3～4 枚山楂，使雞肉易爛。

19、老雞鴨用大火煮，肉硬不好吃；如果先用涼水和少許食用醋泡上 2 小時，再用小火燉，肉就會變得香嫩可口。

20、煮老鴨：在鍋裡放幾個田螺容易爛熟。

21、烤鴨時，把鴨子尾端兩側的臊豆去掉，味道更美。

22、燒豆腐時，加少許豆腐乳或汁，味道芳香。

23、紅燒牛肉時，加少許雪裡紅，肉味鮮美。

24、做紅燒肉前，先用少許硼砂把肉醃一下，燒出來的肉肥而不膩，甘香可口。

25、油炸食物時，鍋裡放少許食鹽，油不會外濺。

26、在春捲的餡料中適量加些麵粉，能避免炸製過程中，餡內菜汁流出糊鍋底的現象。

27、炸馬鈴薯之前，先把切好的馬鈴薯片放在水裡煮一會兒，使馬鈴薯皮的表面形成一層薄薄的膠質層，然後再用油炸。

實戰篇：做飯通用技巧

1、鍋要先燒熱，再倒油；油熱後，才將菜倒入。

2、入鍋炒的材料，不論是切絲、切丁或切塊，都要切得大小一樣，才能使材料在短時間內均勻受熱。

3、不易熟的材料先入鍋，炒至略熟後，再把容易炒熟的材料，一起下鍋均勻炒熟。

4、炒菜時應用大火，如此可保持菜的美味及原色。

5、炒肉類時鍋內油溫要高，這樣才會不容易沾鍋而且也不會把肉炒老。

6、有些蔬菜，例如：茄子。炒的時候儘量避免用刀切塊。因為茄子下刀後就會變的不吃油，油滲透不到茄子裡面去。最好的辦法就是用手掰成小塊。

7、芸豆、四季豆、西洋芹等不易迅速炒熟的蔬菜，可以先用熱水燙一下再下鍋。

8、家裡的瓦斯、天然氣的爐火，通常沒有電視上看到專業廚師用的那麼旺，所以不適合大火炒，遇到需要大火炒的菜肴，可以在鍋裡多加一些油，利用油燒熱後的高溫，迅速達到熱炒效果。

9、要煮的材料，無論是切丁、切片，都不宜切的太小，否則不美觀。

10、有些食材應先用調味料淹過後再煮。

11、有些食材要略炒過後，再加水煮熟。

12、煮的時候應先用大火煮滾，再改用小火燒到汁略濃稠即可，若材料還不夠熟爛，可再加水繼續煮。

Chapter 5

的決勝妙招

XOXO

3 老公，也需要誇

Husband is different from what you think

　　男人就像孩子，有時候也需要誇！這是萍雅在振凱身上總結出來的經驗，也是她馴服老公的一個法寶。

　　萍雅自己是個女強人，這樣的女人，有時難免會表現出一些女權主義的特點來，即使說話態度上沒顯露出來，但是不經意間女權至上的想法也會產生，有時還會認為自己比老公優秀很多，老公應該時常讚美自己，而不是自己去讚美老公。萍雅從結婚到現在一直是這樣想的，也從來不覺得這麼想有什麼錯誤。

　　但是看開了就能平靜很多，這一年來經歷了很多事，遇到魯西西、朋友的婚變、生了小孩……，萍雅覺得自己已經成熟不少，也更加瞭解老公了，在處理婚姻的問題時也能冷靜許多，不再是那個動不動就喜歡把離婚掛在嘴邊的女人。可是她始終

193

覺得自己在和老公的相處上還是有隔閡，但是究竟這個隔閡在哪裡，她也說不清楚。

這天下班後，萍雅開車來到了超市，準備幫兒子買些零食。

走到食品區時，萍雅驚奇的發現前面有個很熟悉的身影，正聚精會神的盯著一個新發售的零食流口水……又是魯西西。

除了她還能有誰呢？自從生了兒子，萍雅已經很久沒有和魯西西見過面了，她也不知道今天在這裡遇見魯西西是不是純屬偶然。

萍雅推車過去，伸手把魯西西正看得入神的食品，放到了自己的購物車裡，魯西西這才抬起頭來看見她。

「妳想吃嗎？我請妳！」萍雅無奈的說。

魯西西感動的看著萍雅，在一旁死命的點了點頭，然後又拿了一袋扔進了購物車，萍雅也很配合的假裝沒看見。

「妳不會是特意來找我吧？」萍雅問道。

「是啊，我是來做回訪的，妳的婚姻指數已經恢復正常了，所以不用再提供妳諮詢幫助了！」

「哦？真的嗎？我也覺得近來和老公的感情很穩定。但是

我還是覺得不夠理想，隱隱覺得還是有隔閡存在，妳能不能再幫我分析一下啊！」萍雅想利用最後的機會，再求魯西西幫忙一下。

「呃，這個好像不太合乎規矩啊，不過看在妳給我買了東西的份上，我再幫妳一次吧！」魯西西為難的說。

她拿出了筆記電腦，在上面輸入了一長串的密碼，然後敲敲打打了一陣，對萍雅說：「其實妳現在的問題很簡單了，只需要繼續鞏固婚姻就好，都是一些小伎倆啦。」

「透過電腦對妳的性格分析，顯示妳有點大女人主義哦！妳喜歡自己說了算的感覺，喜歡被人奉承和誇獎，是不是？」魯西西繼續分析道。

「是的。」萍雅誠實的回答，雖然她表面上裝的很謙虛、雲淡風輕，但是事實上並非如此，她內心的想法就像魯西西所說，有些自我。

「妳要改掉這個毛病，並且用更多好的語言去讚美老公，就會讓你們的婚姻更加美滿了！」這時兩人已經結了帳來到了門口，魯西西闔上電腦，拿了萍雅給她買的吃的，然後晃一晃

老公
跟妳想的不一樣

就不見了，留下萍雅一個人在反覆思量她的話。

回到家，保姆正在哄文傑，萍雅接過他陪他玩積木、汽車玩具。文傑很乖、很聰明，也不像一般小孩一樣吵鬧，這讓萍雅帶的很輕鬆，跟兒子玩了一會老公就回來了。現在振凱每天回家的第一件事情，就是先陪兒子玩玩具，真是天倫之樂樂無窮，萍雅覺得兒子的到來，簡直是為日漸無趣的婚姻生活注入一記強心針。萍雅也想著要不要試試今天魯西西教自己的招式呢？

把兒子交給保姆之後，萍雅找機會從後面抱住了振凱撒嬌的說：「老公你真好，辛苦的累了一天，還要陪兒子玩，我跟兒子好幸福哦！」萍雅能感到老公的身子震了一下，然後握住了她的手說：「謝謝妳，萍雅，謝謝妳的體諒，謝謝妳把兒子帶到這個世界上，謝謝妳給我這樣的幸福！」萍雅沒料到老公會說出這麼感性的話，但是聽起來感覺很溫暖，他們就這樣抱著，兩個人互相感覺彼此的心跳，畫面溫馨極了。

Chapter 5 的決勝妙招

妙招指點

如何讚美老公

♣ 覺得他好就一定要說出來。讚美是件吝嗇不得的事情。如果覺得老公有什麼優點是妳剛剛發現的，妳一定要第一時間告訴他，讓他知道妳認為他這樣做是對的，對他的做法表示支持，這樣他會覺得更有動力而堅持下去的。

♣ 常把讚美老公的話掛在嘴邊。讚美一個人是不用成本的事情，但是得到的效益卻是很大的，如果妳對別人都善於使用這一技巧，那麼就更要對老公甜言蜜語，讓他聽得暈頭轉向，自然就會對妳好的不得了。每天讚美他，讓讚美成為一種習慣，成為他自信心的泉源，那麼他想離都離不開妳。

記得讚美他時，要用真誠的語氣和誠懇的眼神去注視他，這樣他才會覺得，妳是真心誠意發自內心的欣賞他，他會視妳為知己。

♣ 瞭解他的優點。讚美也是要有技巧的，不是豎起大拇指，簡單的說句「真棒」就行了，面對妳聰明的老公，妳一定要花點時間去瞭解他的優點，他最近都在做什麼，這樣妳的「馬屁」

才會拍的合乎邏輯。

　　♣ 愛他就從心底讚美他、體諒他。有時妳可能會想，他從來都不讚美我，為什麼我要挖空心思去讚美他呢？妳大可不必心思這麼狹隘，因為讚美可以讓他快樂，不論他本身是不是一個善於讚美別人的人。做讓他快樂的事，對婚姻對妳自己都是有好處的，況且他每天為這個家庭的付出，原本就是值得讚美的。如果讚美自己的老公，可以讓他在每天沉重的工作壓力下，得到一點點的滿足，並且更有力氣地去面對自己未來的事業。妳何樂而不為呢？

XOXO

4
**把他的朋友
變成自己的朋友**

Husband is different from what you think

　　「兄弟如手足，女人如衣服。」是三國誌裡劉備對張飛所說的話，很多男人都把它奉為箴言。振凱也不能免俗，雖然有時候他會為了討好萍雅而故意說成：「兄弟如蜈蚣的手足，女人如冬天的衣服。」把萍雅逗笑，但是在心理，振凱還是把兄弟擺在很高的位置上。

　　對於精明的萍雅來說，把老公的朋友納入自己應「征服」的物件，是勢在必行的。萍雅想：老公的那些兄弟，都是和他從小一起長大的，交情好的不得了，萬一老公在外發生什麼狀況，想指望他們來向她通風報信根本不可能。但是如果她這個

大嫂做的好，那麼，那些兄弟們多少會在老公有二心時，替她說些好話吧？想到這兒，萍雅覺得在這些人身上花點心思還是值得的。

　　第一次去見振凱的那群兄弟時，萍雅十分緊張。緊張的程度，不輸給與振凱的第一次約會。這是萍雅第一次進入振凱的朋友圈，她格外花了心思。去之前萍雅還為了要穿什麼衣服費了一番精神。老公的朋友都是男人，在他們面前不能太性感，又要展現出女人味讓振凱有面子，左挑右選後，萍雅選了一件小洋裝，顯得大方而有氣質。因為他們約在一間酒吧，配合當天的氣氛，她還特意上了局部螢光眼影呢。

　　當振凱把萍雅帶到大家眼前的時候，兄弟們的眼睛全都為之一亮，萍雅抿嘴一笑，心裡知道自己成功了！老公也在一旁露出了驕傲的微笑。

　　「嫂子好！」比較愛說話的兄弟熱情的打著招呼。

　　「有聽振凱說過你，你是他大學室友吧！」為了今天，萍雅真是做足了功課，來之前已經把這幾位的背景調查的一清二楚。「我聽振凱說過好多你們的故事呢，真是聞名不如見面

啊。」

　　「你就是正雄，見過你的照片，本人帥多了！」

　　……

　　一開始感覺還不錯，但是再來氣氛就顯得有些不自然，大家都不太說話。萍雅想，男人們聚在一起時，總是會肆無忌憚的瞎聊，今天突然多了個女人，所以感覺不自在吧？怎樣才能自然的融入他們？有什麼共同話題可以聊呢？

　　共同話題？眼前的老公不就是個最好的現成話題嗎？

　　「振凱跟我說過，高中的時候有很多女孩子倒追他，是不是真的啊？」。

　　「哈哈哈，我說了嫂子妳可別生氣啊，他不是特別多女孩子追，而是他追特別多的女孩子！」這位兄弟很不客氣的揭振凱的糗事。

　　「快說給我聽聽！」萍雅很有興趣的催著他。

　　「起碼有那麼三、四個吧，我們班的、隔壁班的……」兄弟翻著白眼數著，振凱在一旁氣的牙癢癢。氣氛一下子變的了輕鬆起來，萍雅心裡鬆了一口氣，看來這招奏效了，至於振凱

的「劣行」回家再「懲治」他吧。

兄弟們很快感覺到了這個嫂子很隨和，話題也越來越多，逐漸由開老公的玩笑，轉移到其他人身上。慢慢的有些話題稍微超過了，萍雅心裡暗叫「不好」，因為恰巧此時老公去了洗手間，丟下了她一個人在這面對這些大男人。

萍雅站起身來，為兄弟們添酒倒茶，問其中一個人：「小郭，你女朋友是空姐，改天帶出來一起吃飯嘛，聽說是個美女呢！」男人對美女永遠沒有免疫力，哪怕是想像。正如萍雅所料，大家的注意力一下子被小郭的空姐女友吸引了，暫時放過了她。

回家的路上，振凱非常誇讚萍雅，他沒想到萍雅能和朋友們相處的這麼好，作為一個男人，左手友情，右手愛情，而友情和愛情安然相處，讓他覺得很欣慰。

☺解密頻道

NO：千萬不要這麼做！

1、千萬別和老公的哥們鬧僵了。這樣會讓原本的小矛盾變成大問題。有時候「耳邊風」要比「枕邊語」還來的兇猛，

想一想，當他身邊的朋友一致覺得妳不好的時候，他會不會也開始懷疑自己的判斷了呢？

2、千萬別讓老公「二選一」。吃老公兄弟的醋，是很不明智的行為，當妳的醋勁上升到一定的階段，可能就會給老公出一道二選一的難題，也許妳覺得沒什麼不對，朋友嘛，而且還是狐群狗黨，有什麼大不了。但是男人的心態卻不是這樣，首先他會覺得妳是個不懂事的女人，再者，如果他真的因為妳和兄弟斷了聯繫，在兄弟朋友中，他就會變成一個怕老婆的「沒用男人」，以後還有什麼面子面對大家，心狠一點的老公，可能乾脆把不懂事的老婆離了。

3、千萬不要太「隨便」。他的朋友就是妳的朋友，所以就可以肆無忌憚的「稱兄道弟」起來？這樣做就大錯特錯了！這不是老公希望看見的「融洽」。男女授受不親，這句話妳時刻要謹記，和他的朋友相處也要時刻掌握分寸。

☞妙招指點

YES：聰明女人這麼做！

1. 面對「黃色話題」能躲就躲！男人之間的有些話題，女

人不方便參與的。這時女人與其在場尷尬，不如趁機逃出，去洗手間、打電話都是很好的方式。

2. 做幾道拿手好菜，讓他們不得不服！老公和朋友們在外聚會，浪費錢、又怕他們幹出什麼壞事。最好的辦法是時常做些拿手菜，邀請老公的朋友一起來用餐，當妳的賢良淑德一致被大家認可時，自然就和他們成為了朋友。所謂吃人嘴短，萬一妳和老公起紛爭時，他們很自然的就會幫妳多說幾句好話，最後往往就會大事化小、小事化無。所以有時老公的面子妳可以不給，但是這些朋友的面子卻不能不顧。

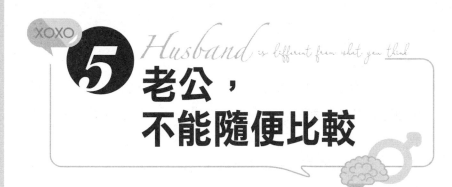

**5 老公，
不能隨便比較**

　　男人和女人在一起不需要理由，科學上把這解釋為一種「荷爾蒙分泌」所起的化學反應，同樣男人和女人分開，也不需要太多理由。有時男人離開，女人往往萬般驚詫，你這麼不好我還沒想離開你呢？你為什麼先離開我？苑芳就是想不清楚這件事的女人。

　　萍雅家的沙發上，苑芳伏在了萍雅的身上泣不成聲，狀似受到了很大的委屈。

　　「萍雅，他竟然要和我離婚，我還沒責怪他呢，他竟然要和我離婚！他太過份了！」苑芳恨恨的道，但是聲音聽起來卻

是有氣無力。

　　「怎麼回事啊？為什麼要離婚呢？」萍雅疑惑的問道，雖然苑芳和她老公都有些孩子氣，但是也不至於到離婚那麼嚴重吧。

　　「我不知道！」苑芳搖搖頭，哭的更委屈了，「他說現在懶得和我說話，根本不告訴我！」

　　「這樣吧，我把他約出來談談妳看怎樣？你們現在可能都正在氣頭上，就算有話也說不清楚，理論起來反而會弄巧成拙。」萍雅想到了這個注意。

　　「嗯……」

　　萍雅本以為李家俊會推辭赴約，但是沒想到他竟然很爽快的答應了。李家俊是苑芳的老公，萍雅幾個姐妹之間一直信守著承諾，姐妹的聚會拒絕老公參與，所以萍雅和李家俊也不是十分熟悉。

　　「家俊，苑芳現在住在我家，如果你還想挽回你們婚姻的話，儘早接她回去吧！」萍雅開門見山的說。

　　「妳替我勸勸苑芳，我心意已決。離婚已經是件必然的事，

妳多開導安慰她吧，我會儘快擬好離婚協議書請律師寄給她！」
李家俊沒有正視萍雅，但是語氣堅決。

　　「既然你態度這麼堅持，那我也沒什麼好說的了，畢竟這
是你們兩個人之間的事情，我一個外人不便干涉。但是家俊，
你要知道苑芳真的很傷心。她是有很多不對的地方，但是她還
是不知道為什麼你非得跟她離婚不可？」

　　「其實，我想離婚的原因很簡單。就是我給不了她幸福！」
家俊無奈的說。

　　「為何這麼說呢？」

　　「苑芳是個對物質生活要求比較高的女人，這個我想妳也
知道吧？我的條件在一般人中說來還算不錯，企業的中階管理
者、有房子有車子。但是這些還不能使她滿足，她要的比這些
更多。她每次和朋友打完牌回來都跟我抱怨，某某的老公如何
如何有本事，剛剛買了別墅、名車。或者是某某人投資股票賺
了多少錢，作為丈夫，我聽到這些心裡很難受，一方面覺得她
愛慕虛榮，另一方面又恨自己，不能給所愛的女人期望的幸福，
所以我決定離開，放她去找更好的歸宿！」

老公
跟妳想的不一樣

　　萍雅做夢也沒想到，苑芳和家俊之間鬧離婚的原因，竟是因為苑芳太喜歡拿自己老公和別人比較！萍雅雖然沒這個習慣，但是她知道周遭很多姐妹都有這個毛病，尤其是那些把嫁個有錢的老公做為目標的女人。

　　幾個月後，苑芳和李家俊離婚了。又幾個月後，苑芳嫁給了一個能買得起別墅的男人，但是她並不愛他。

　　又幾個月後，苑芳對萍雅說，她現在並不幸福，老公雖然有錢但是卻對她不好。她最愛的人是李家俊，但是她對家俊傷害的太深，已經無法彌補了。

☺解密頻道

　　「比較」是男人心裡的一根刺。很多老婆愛把自家的老公和別人比較，有些是想藉此機會來刺激老公上進，有些是想達到抬高自己身分的目的，有些是純屬習慣性的閒扯家常。但是不管妳是什麼動機，把別人的老公扯進自己的家庭生活，都不是件聰明之舉。

　　其實妳根本不瞭解「別的男人」。這些別人的老公，是真的如妳看見的那樣成功嗎？其實妳並不知道，而妳真正瞭解的

是自己的老公。別用別人的優點和自己老公的缺點相比較，他因為愛妳才會把自己毫無保留的展現在妳面前，這種比較對老公太不公平了。

男人本身就有太多的壓力和責任，這是社會賦予他的使命，有時妳沒給他壓力，他都已經喘不過氣了。想一想，家庭是男人最好的避風港，哪個男人希望他一回到家，就要面對妻子的冷嘲熱諷，哪個男人又能受的了，妻子在自己面前拼命的讚揚另一個男人，這會讓他自尊心受挫。當男人忍受不了而決定逃跑，難道這是妳想要的結果嗎？

妙招指點

♣ 別試圖改變妳的男人，所謂「江山易改，本性難移」，一個人沒有權力改變另一個人，執意這樣做的結果，也多數都是失望。如果他有著讓妳無法改變的惡習，那麼試著用別的方法旁敲側擊讓他知道。在最失望的時候，想想當初妳為什麼要嫁給他，他一定是有優點的，不要因為生活的瑣事，而遮住了妳的雙眼，記住什麼是妳最想要的。

♣ 聰明的女人，懂得如何去守護自己的幸福，她會在老公

老公
跟妳想的不一樣

下班後溫柔的問一句「累不累？餓不餓？」體貼的幫老公解去厚重的外套。男人此時的心會是感動，他會覺得自己娶了世界上最溫柔賢慧的女人，人生如此夫復何求？他會用一百二十萬分的精神更加努力工作，讓自己的女人生活的更幸福。讓男人心甘情願的付出，要比女人使用打擊式教育來的有用的多。

6 有理，不在聲高

　　一大早，萍雅就被吵架聲驚醒，那聲音來勢洶洶穿透力極強。萍雅住的公寓屬於高級住宅，隔音效果本來就不錯，但也無法抵禦這種噪音的侵襲。

　　今天是週末，萍雅難得睡個好覺，本想把這聲音忽略，但是它猶如魔音傳腦，讓她難以入睡，於是萍雅不得不從床上爬起來，去看看如此有殺傷力的聲音是來自何處。振凱也被吵架聲吵醒跟著一起出來。

　　聲音來自隔壁，隔壁住了一對新婚不久的小夫妻，平時濃情蜜意的，但是今天不知道因為什麼事情吵了起來，高聲吵罵、中間還伴有摔東西的聲音，讓聽的人感到十分心慌。

　　聽著人家吵架，萍雅和振凱兩個人下意識的抱緊了對方，因為他們是過來人，最懂得吵架的殺傷力，都暗自替那對小夫

妻擔心。

「老公，我們永遠不要那麼吵架，好不好？」萍雅楚楚可憐的望著振凱。

「老婆，我們結婚這麼多年，也沒那樣吵過吧。」振凱知道萍雅是在撒嬌，他們即便是吵架也不會用這種方式，多數都是冷戰。

「那我們也不要冷戰好不好？」萍雅繼續問道，因為她清楚，有時候冷戰比吵架更加傷人。

「嗯，好！」振凱點點頭。頗有點看著別人吵架，自己要居安思危的架勢。

其實萍雅和振凱也常常吵架，但是事後他們兩個回想起來，都認為吵架是種「增進」感情的活動。像他們這個年紀的夫妻，有一些連吵架的激情都失去了。吵架意謂著還在意，從這點來說，吵架就有它值得讓人欣慰的地方。

☺解密頻道

吵架傷感情，但是人非聖賢，孰能無過？夫妻間更是如此，所謂愛之深，責之切。所以夫妻間吵架是難免的狀況。有的夫

Chapter 5
的決勝妙招

妻說：「爭吵是一種健康的溝通方式，它可以使夫妻間彼此協調，瞭解對方的差異。」但是如果「架」吵不好，又會傷害到夫妻感情，所以吵架也是門學問，如何把架越吵越好，是每個夫妻需要學習的。

熱身運動：婚姻五祕訣

1、捆綁住的婚姻不幸福

婚姻是建立在愛情的基礎上的，愛對方就想綁住對方，這是很正常的心理，但是愛情也需要氧氣，如果綁的太緊就會透不過氣來。沒有氧氣的花朵能夠存活嗎？要記住有距離才有美感！

2、傷人的話別說出口

夫妻間沒有誰對誰錯，只有遇到問題如何解決。不要以為妳逞了一時的口舌之快，妳就是勝利者了。要知道妳心中暢快的時候，卻給對方造成了很大的傷害，有了心結還能像以往一樣相處嗎？遇到問題兩個人一起溝通商量才對，否則真正傷了感情，是多少句好話都彌補不回來的。

老公
跟妳想的不一樣

3、忘記過去，珍惜眼前人

曾經的愛，不管多麼刻骨銘心，也都是過去式了，要知道真正能陪妳走過以後人生的，還是眼前這個人，為了那些虛無飄渺的回憶傷害眼前人，值得嗎？

4、婚後也要一點小甜蜜

千萬不可以為結婚之後，浪漫就可以省略不顧了，婚後更應該注意對方的壓力和需要，否則婚姻的圍城可困不住他啊。

5、學會溝通的語言

所謂冰凍三尺非一日之寒。如果心裡頭有些不舒服，一定要說出來。不然有時候，小矛盾日積月累就會變成大問題。

解決吵架新技巧

1. 吵架時別翻舊帳

吵架的夫妻常常因為生氣而亂吵，吵著吵著，甚至把陳年舊帳翻出來一起吵，這樣不但只會延長吵架的時間，還會更傷害夫妻之間的感情。所以爭吵時要就事論事，如果有誇大事態的苗頭，要立刻要喊停，理智的冷靜一下，也比言語傷人來的好。

2. 弄清楚吵架的原因

有時候兩個人因為一點小問題而爭辯起來，然後越吵越凶，牽扯的事情也越來越廣，通常此時旁人如果問一句：你們為什麼吵架？這時很多夫妻卻往往已經想不起來，最初引起爭吵的導火線是什麼了！

3. 夫妻間沒有輸贏

吵架的結果是什麼？感情的促進？還是製造心中的裂痕？後者的風險很大，很多夫妻一吵架，就非要爭個你死我活論個誰輸誰贏不可，這樣是最傷感情的。要知道這個和妳爭得面紅耳赤的人不是別人，而是妳最親近的人，多一些寬容就會多一份和諧。當他情緒沉澱後回想，會明白錯在自己而感激妳的寬容大量。

4. 主動道歉並不丟臉

爭吵後夫妻間往往陷入僵局，冷戰是吵架的續曲。雙方都不肯邁出主動和解的一步，時間長了就會影響夫妻感情。

5. 不要在外人面前吵架

吵架者總想找個裁判來證明自己是對的，但是妳要注意，

只為了證明自己是對的就努力揭發對方的不是，只會讓他顏面盡失，最後受傷的還是自己跟最愛的人。

吵架規則

1. 切忌自以為是

吵架的原因是雙方都認為自己是正確的，對方是錯誤的，在爭論中忘記了曾經許下的諾言，你與對方在一起是為了要給他（她）幸福，這其實遠比爭論誰對誰錯更重要，夫妻間相處不是法庭審判，尋找一個解決問題的方法才是最實際的。

2. 要懂得傾聽

如果你要求伴侶平靜情緒，慢慢地詳細解釋發生的一切，對方會認為你正在給他（她）一個宣洩情緒的空間，通常他（她）就會更理性地表達自己的想法，當對方陳述自己的看法時，你不要急於回答，應首先對他（她）的傷心和憤怒表示了解，然後再說明自己的想法。

二十二年後……

今天是萍雅和振凱的三十年結婚紀念日，萍雅起的很早，望著還在睡夢中的老公，萍雅感覺好像時光忽然倒流，讓自己看到了三十年前的振凱。

三十年前的那天，他們在圖書館相遇，眼光對視的一剎那，激起了愛的火花，這就是所謂的一見鍾情吧！註定了他們一生一世的相依相偎。

走進婚姻的圍城不需要太多的勇氣，尤其是對相愛的人來說。但進入圍城後，能夠一直坦然相對，卻不是一件容易事。這麼多年來他們經歷過很多，吵過、鬧過、實在過不下去的時候也想過離婚。但是最終還是堅持走了下來，在挫折中一起成長成熟，靠的是感情、是責任。

振凱曾說：「老婆，妳是一個老師，妳讓我變成真正的男人。」

萍雅也說：「老公，你是一本書，讓我漸漸讀懂及瞭解自

己，我的人生沒有你就不會完整。」

　　想到這些，萍雅莞爾一笑，年過五十的她，少了年輕時的強勢和幹練，卻多了更多從容和優雅，她俯下身偷吻了一下振凱的額頭，沒想到卻迎來了振凱的吻，原來他早就醒了，也早發現她在看他，只不過是一直裝睡等待她的偷襲。

　　鈴、鈴、鈴……

　　電話鈴聲打斷了他們的打情罵俏，萍雅接了電話，原來是兒子文傑從美國送來的祝福。夫妻相視而笑，對兒子的這般貼心很感動。

　　「今天我訂了古董瓷器展覽的門票，上午九點開始參觀，你動作快點別賴床啊，老頭子。」放下電話萍雅催促著。

　　「哇！我的好老婆，還是妳最瞭解我！」振凱趕緊的起床、刷牙漱口，沒十分鐘就穿戴整齊的站在了萍雅面前，速度快的一點都不像要退休的老頭子。

　　萍雅表面上顯得很是無奈，但心裡卻暗暗得意，這個男人，自己實在是太瞭解他了，甚至勝於瞭解她自己，也正因為如此他們的婚姻才能如甜蜜吧！

Chapter 5 的決勝妙招

想到這兒，她想，自己需要感謝一個人──魯西西。她現在一定正為了其它人家庭的和諧而忙碌吧，決定了！晚上請她吃冰淇淋，慰勞一下！

男人很想說的話

1、有時我不知道妳為什麼哭泣，在我看來「哭」就是威脅我，我不喜歡愛哭的老婆，但是我不敢告訴妳，怕妳哭的更厲害。

2、妳希望我時時刻刻都想妳，這是不可能的，但是這並不意味著我不愛妳，我在該想妳的時候想妳，大多數的時間我需要為生活和事業努力，這也是一種愛妳的表現。

3、男人都愛看美女，我也不例外，這是天生的我也沒辦法。和妳一起走時，我會儘量做到目不斜視，因為怕妳醋勁大發。其實不論我的目光在何處，最後一定是落在妳的身上。

4、男人有性幻想和喜歡 sex 是正常的，這並不代表我是色鬼。

5、我喜歡波霸這也是真的，但這並不意味著妳一定要去做隆乳，這樣我反而覺得恐怖，畢竟自然的最好。

6、我不喜歡把「我愛妳」掛在嘴邊,雖然妳每次逼我說這三個字時,我總是很無奈,但我真的是愛妳的。

7、我不會要求妳賺多少錢,但是我希望妳有自己的目標和理想,這樣我們可以共同進步。

8、妳穿什麼都好看,真的(雖然我不一定會注意到)

9、不要問我覺得妳美不美,在我眼裡妳是最美的,因為「情人眼裡出西施」嘛,但是我有時說不出口。

10、我對於妳用什麼化妝品、護膚品沒興趣,但是這並不代表我不關心妳。

11、不要逼我塗護唇膏,我是男人。

12、我在上班時不理妳,並不代表我不愛妳。我希望妳像我一樣,上班時間能夠專心工作。

13、我不明白為什麼很多時候,一句兩句能說清楚的話,妳非要長篇大論的在我耳邊說個不停。

14、「不知道,妳說呢!」那不算是答案?

15、我希望妳是平靜微笑的,而不是常因小事歇斯底里的,我真的害怕有一天,我的耐心會消失殆盡。

16、如果我說了什麼話令妳覺得有兩個解釋、其中一個會令妳傷心，我其實想表達的，是另一個意思。

17、不要動不動就說分手，這句話每次都會在我心裡留下一道疤，要知道《狼來了》的故事是有道理的。

18、妳直接就告訴我，妳要我幫妳做什麼，或者怎樣可以完成。最好不要又叫我幫妳做，又要教我怎樣做。

19、妳買娃娃系衣服的時候，不要問我妳夠不夠可愛。即使我回答很可愛，那也是虛偽的。

20、可以的話，請你自己去換麥當勞送的娃娃。

21、妳的包包可不可以不要掛一堆絨毛娃娃？

22、可不可以不要跟我討論韓劇和 Hello Kitty，如果妳有一天跟我討論財經新聞，我會感激不盡。

23、親愛的，妳的包包和我並不搭，請別強迫我幫妳拿包包，那並不能說明我愛妳。

24、不要當著我的面批評我的朋友和兄弟，我不希望妳是個多嘴又長舌的女人。

25、大庭廣眾下害羞、不說話不代表斯文，害羞也不等於

高貴。

26、不要整天說「我朋友說⋯⋯」，妳朋友怎樣想，跟我無關。

27、儘量不要將我們拍拖的細節，毫無保留的說給妳的朋友聽，我想保有私隱權。

28、除了我，我希望妳還有其它的興趣和愛好，「認真的女人最美麗」，這句話是對的。

29、只要妳會一項運動，就能減掉妳肚子上的救生圈。我不希望妳節食，雖然我知道我說了也沒用。

30、妳可以不懂玩線上遊戲，但是最好不要禁止我玩。

31、我不用減肥，所以不要阻止我吃。

32、我不是道明寺、也不是花澤類，我就是我。

33、溫柔和依賴是兩碼事。

34、爽朗不等於沒禮貌。

謝謝您購買 _____ 老公跟妳想的不一樣 _____ 這本書！

即日起，詳細填寫本卡各欄，對折免貼郵票寄回，我們每月將抽出一百名回函讀者寄出精美禮物，並享有生日當月購書優惠！

想知道更多更即時的消息，歡迎加入"永續圖書粉絲團"

您也可以利用以下傳真或是掃描圖檔寄回本公司信箱，謝謝。

傳真電話：（02）8647-3660　　　　　信箱：yungjiuh@ms45.hinet.net

☺ 姓名：_____　　　　□男 □女　　　□單身 □已婚

☺ 生日：_____　　　　□非會員　　　□已是會員

☺ E-Mail：_____　　　電話：（ ）

☺ 地址：_____

☺ 學歷：□高中及以下　　□專科或大學　　□研究所以上　　□其他

☺ 職業：□學生　□資訊　□製造　□行銷　□服務　□金融

　　　　□傳播　□公教　□軍警　□自由　□家管　□其他

☺ 您購買此書的原因：□書名　□作者　□內容　□封面　□其他

☺ 您購買此書地點：_____　　　　金額：_____

☺ 建議改進：□內容　□封面　□版面設計　□其他

　　您的建議：_____

想知道大拓文化的文字有何種魔力嗎？

■ 請至鄰近各大書店洽詢選購。

■ 永續圖書網，24小時訂購服務
www. foreverbooks. com. tw
免費加入會員，享有優惠折扣

■ 郵政劃撥訂購：
服務專線：(02)8647-3663
郵政劃撥帳號：18669219